KB081256

여자의
심리코드

여자의 심리코드

정신 분석가가
1만여 상담으로 찾은
여자의 내밀한 속마음

박우란 지음

유노
라이프
LIFE

여자조차 몰랐던
여자의 속마음 읽기

저는 인간의 무의식에만 관심이 있습니다. 그밖의 모든 일에
는 무관심한 편이지요. 수녀로 수도원에서 지낼 때는 오직 하
나의 신만을 알았고, 환속 이후에는 오직 인간을 구성하고 있는
무의식과 그 무의식이 펼치는 여러 현상과 향연에만 집중하고
있습니다.

하나밖에 모르고 하나만 알고 싶은 저의 충동은 다른 모든 일
을 배제하고 세상의 모든 일에는 무지할 수 있도록 해 줍니다.
정신 분석은 저에게 전문적 직업이 아닌 제 모든 에너지가 집중
되는 삶, 그 자체이기 때문입니다.

정신 분석은 프로이트로부터 시작하지요. 제 책에서 펼쳐질 많은 내용도 프로이트에서 비롯됩니다. 그런데 프로이트는 남성 중심으로 세계를 보고 인간을 보기에, 많은 학자들이 나르시시스적 남근 중심 사상이라고 비판했습니다.

프로이트의 남근 중심 사상은 여성이 남근을 결여하고 있기에 그것을 소망하고 질투하며 그 결핍으로 인한 다양한 증상을 해명하는 것에만 초점을 둔다고 협소하게 인식되는 듯합니다. 하지만 프로이트 또한 생물학적 남근의 유무로 남녀의 차이를 보는 시각을 넘어 인간 무의식이 어떤 문명과 문화의 지배를 받는지를 끊임없이 연구하고 논증해 왔지요.

그럼에도 프로이트로만 정신 분석을 하는 데는 한계가 있습니다. 임상에서 저 또한 그런 해석과 인간 이해에 한계를 느끼던 중에 라깡을 만나 '유레카'를 외쳤습니다.

라깡은 프로이트 이후 남근 중심으로 해석하던 현상을 팔루스(phallus)라는 개념을 가지고 확장시켰습니다. 팔루스는 협소한 의미의 남근 중심, 그러니까 여성 자신이 갖지 못한 남근을 선망하며 일으키는 여러 증상을 확장시키는 개념입니다.

라깡이 말하는 팔루스는 생물학적 남근이 아닌 상징적 의미이며, 이는 '언어적 인간'으로 옮겨갑니다. 여기서 언어적 인간은 남성적이라고 단순 이해할 수도 있겠습니다. 그리고 팔루스는 인간이 욕망하고 갈망하는 소유의 측면이라는 점에서 남근의 확장된 의미로 볼 수 있지요.

무의식을 알아야 진짜 내가 보인다

라깡은 "무의식은 언어로 구조화되어 있다"고 말합니다. '무의식'은 실체 없이 무시무시한 어둠의 세계, 칼 융이 이야기하는 무한 가능성을 창출할 수 있는 신비적 에너지가 머무는 막연한 곳이 아니지요. 무의식은 언어적 인간이 가지는 특수한 현상입니다. 의식 세계는 정교하게 짜여진 구조처럼 타자들의 온갖 언어와 욕망으로 뒤엉켜 있습니다.

무의식은 어두운 곳에 잠겨 있지만 언제나 현상을 통해 개개인을 드러냅니다. 나만 모르고 남들은 다 아는 모습이 내 무의식이기도 하지요. 우리가 생각하는 내 생각, 내 주장, 내 자아, 내 관점은 이미 언어가 유입되는 무의식에서 출발합니다. 결국 그 무의식도 타자의 언어 유입에서 비롯되기에 고유한 나는 아닙니다. 내 욕망과 쾌락, 내가 절대적으로 옳다고 생각하는 모든 것이, 결국 무의식에서 비롯되는 타자의 집합이지요.

정신 분석은 내가 어떤 타자의 욕망과 쾌락에 지배되는지, 누구의 언어와 시선이 내 무의식 안에서 주인 노릇을 하는지, 그것이 내 고통과 어떤 관련이 있는지, 내 것이라고 믿어 의심치 않는 모든 것을 뒤집어 새롭게 이해하고 의구심을 가지는 과정입니다. 정신 분석의 관점에서 보면, 생물학적 여성이라고 해서 반드시 여성(女性)이라고 정의되지 않으며 생물학적인 남성도 반드시 남성(男性)이 아님을 이해하게 됩니다.

왜곡되어 왔던 여자의 심리

한국 사회는 가부장적인 구조, 가족주의로써 지극히 남성적 언어가 주인 행세를 하는 사회입니다. 그것을 무조건 부정하거나 부정적으로만 말할 수는 없습니다. 이러한 현상은 남성뿐 아니라 여성에게조차 동일하게 나타납니다.

여성일지라도 남성적 언어로 의식이 구조화되면, 남성적 관점에서 사회나 인간을 바라보게 됩니다. 단적으로 가부장제 사회 속 어머니를 예로 들 수 있습니다. 이 관점에서는 '여자의 적은 여자'라는 말도 충분히 납득됩니다. 여자가 단순히 여자를 적으로 만든다는 말이 아니라, 여성임에도 남성적 언어를 사용한다면 남성적 사유 구조 속에서 적이 된다는 말이지요.

앞서 말했지만 그럼에도 여성은 가족주의, 유교, 가부장제에 결코 포획되지 않는 존재입니다. 라깡도 여성이 결코 남근 결여의 관점으로만 해석될 수 없는 존재라고 했습니다. 그런데 많은 여성들이 그러한 지점에서 넘어서지 못하고 서성거리며, 어떤 때는 거부하기도 합니다.

분석을 할 때, 그 현상이 두드러지지요. 자신의 가족과 타인에 대해서는 매우 정교하고 날카롭고 신랄하다가도 정작 본인의 무의식의 욕망과 쾌락에 접근하면 강한 거부감을 드러내는 경우가 있습니다. 인간이 근본적으로 나르시시스적이라는 점을 감안하면, 매우 자연스러운 현상이지만, 그 기저에는 "나는 약하고 피해자이며 당하고 산다", "나는 선하고 착하다"라는 전제가 깔려 있음을 간과할 수 없지요.

그러나 자신을 핍박하고 억압했던 부모나 주변 타자들과 절대적으로 다르다는 전제는 우리를 무지하게 만들 뿐입니다. 우리의 무의식이 어디로 끌고 가는지 알지 못한 채, 자신의 쾌락을 유지하려는 무의식의 충동에 이끌릴 뿐이지요. 우리는 우리를 억압했던 사람과 분명 다르지만 또 같기도 합니다. 우리가 달라지기 위해서는 자신의 무의식에 대해 '열린 태도'와 '용기'가 중요합니다. 내 이미지에 위반하는 내 모습을 바라보는 용기 말이지요.

우리의 무의식은 타자들의 시선과 욕망으로 구성되었지만 나에게 온 이상은 나의 몫이고 내가 해결하고 직면해야 합니다. 삶이 우리에게 준 책임이기 때문입니다. 상처 때문에, 그들 때문이라고 더 이상 회피할 수 없습니다. 회피는 우리의 고통을 멈출 수 없기 때문이지요. 그러니 우리 자신을 더 신랄하게 바라보면 좋겠습니다. 가부장제 사회에서 말할 수 없는 지점에 서 있는 여성이라면 그 지점을 넘어서기를 바랍니다.

이제, 여자를 다시 보자

그를 위해 이 책에서 여자는 누구이고 무엇으로 사는지 그 정체성을 살피고, 여성의 긴밀한 속마음을 5가지의 심리코드로 살펴보았습니다. 여성은 남성에게 있는 남근을 소유하고 있지 않기에, 정신 분석학 관점에서 그 결핍으로 인한 여러 증상과 현상들이 나타날 수 있지요. 결핍, 욕망, 사랑, 자존, 자유가 그것입니다.

무엇보다 여성이 여성으로서 가질 수 있는 만족의 한계와 타자에게 메여 양산하는 고통의 실재에 접근하기 위해, 이 책에 조금 더 신랄하고 조금 더 적나라한 시선을 담았습니다.

다른 내가 되고 싶지만 내 의지나 의식처럼 되지 않아서 내적 갈등과 혼란을 겪는 모든 여자에게 함께 고민하는 마음으로 이 글을 드립니다.

피안의 밀실에서
박우란

목차

1장　여자는 누구이고 무엇으로 사는가
여자의 **정체성**

2장   이토록 관계에 집착하는 이유
여자의 심리코드 1. **결핍**

3장   갖고 싶거나 버리고 싶거나
여자의 심리코드 2. **욕망**

4장 사람을 원하고, 사랑을 원한다

여자의 심리코드 3. **사랑**

5장 나에게 신경 쓰는 기술

여자의 심리코드 4. **자존**

6장 여자 안에는 보헤미안이 산다
여자의 심리코드 5. **자유**

여자는 누구이고 무엇으로 사는가

1장

여자의
정체성

여자는 누구이고 무엇으로 사는가

우리는 진정으로 자유로운 나로 살아남기 위해,
아무것도 남지 않은 텅 빈 죽음의 장소에서
어떤 존재로 살아남을지 투쟁해야 한다.

강연을 다니거나 유튜브 방송을 촬영하면서 '여성', '엄마'에
대해서 이야기하면, 이런 질문을 받습니다.

"가족을 부정하시는 건가요?"
"화목이라는 가치를 폄하하시나요?"
"결혼을 부정하시나요?"

본질에 집중하지 않으면 그렇게 들렸겠다는 생각이 듭니다.
그러나 제 말은 무조건 가족을 부정하고 혼자서 우뚝 서야 정체

성을 찾을 수 있다는 뜻이 아닙니다.

우리가 믿는 가족의 가치, 화목이라는 의미, 나이가 되면 결혼하고, 결혼하면 아이를 낳아야 하고, 혼자 살면 외롭거나 비참해지리라는 관념에 지배되는 것이 우리의 소망처럼 당연한 만족을 가져다 준다고 생각하지 않습니다. 가족을 당연하게 생각하고, 가족은 화목해야 한다는 원칙적인 생각에 의문을 품지 않으면, 무수한 원망이 억압된 관계를 중심으로 수많은 고통을 양산할 뿐입니다.

우리가 믿고 있는 당연한 기준들은, 보이지 않는 세계를 지배하고 이끄는 궁극의 주인들에게 부역하는 일이라고 의심하기 시작할 때라야 비로소 주체로서의 고민이 시작됩니다.

궁극의 주인, 주인 담화*가 이끄는 세계와 그 사회를 구성하는 가족이라는 구조는 권력과 신탁을 중심으로 하는 남성적 사회를 공고히 하는 데 협력합니다. 그 협력과 무지의 대가로 자녀, 여성, 약자의 위치에 놓인 자는 안정이나 소속이라는 보상을 얻습니다.

물론 그렇게 얻을 줄 알았던 보상 체계 안에서도 끝없는 균

---

* 라깡의 네 가지 담화 중 주인 담화로 헤겔이 《정신현상학》에서 소개한 '주인과 노예 변증법'을 참조한다. 인간은 욕망을 실현하기 위해 타자에게 인정을 강요해야 한다. 타자도 인정을 원하기 때문에 주체는 타자와의 투쟁에 끝없이 연루된다. 이 투쟁은 한 쪽이 욕망을 포기하고 다른 쪽이 권력에 복종할 때 끝이 난다.

여자의 심리코드

열과 이탈, 그리고 구멍은 발생합니다. 무엇도 당연하지 않고, 행복도 그냥 주어지지 않습니다. 그 어느 작은 가치도 깊게 의심하고 흔들리지 않으면 제대로 자기만의 만족으로 나아갈 수 없습니다.

인간이 어떤 정동*과 욕동**으로 움직이는지 고민해야 합니다. 라깡은 정동이 불안을 나타내며, 욕동은 이루고자 하는 목적의 주위를 맴도는 것이라고 주장했습니다. 그 숱한 에너지들이 얼마나 많은 장해를 가지는지 깊게 사유하고 고민하지 않으면, 결국 타자를 원망하거나 끝없이 타자에게 매달리는 모습으로 귀착되고 맙니다. 아니면 서슬 퍼런 욕망으로 주변의 가까운 타자를 옭아매고, 원칙과 기준을 지키며 인간의 도리를 다하는 것이 의무와 죄책감이라며 다시 타자에게 욕망을 지울 테지요.

분석을 하다 보면, 내담자들이 '내리사랑'이 아니라 '치사랑'을 하고 있음을 자주 확인합니다. 내담자들은 나이 든 부모를 향해 일생을 부모라는 올가미에 매여 고통을 겪지요. "부모는 자식을 목숨 걸고 사랑한다"라는 공식 때문에 고통을 겪으면서도, 죄책

---

* 인간의 감정에서 노여움, 두려움, 기쁨, 슬픔처럼 갑자기 일어나는 일시적이고 급격한 감정을 일컫는다. 순간적으로 일어나는 뜨거운 애정이나 격한 증오심도 이에 포함된다.
** 욕동은 주체적 삶의 역사에 의존하는 방식으로 발전한다. 욕동은 결코 만족될 수 없고 한 대상을 목표로 하는 것이 아니라 대상 주의를 계속 맴돈다는 면에서 생물학적 욕구와 다르다.

감에 그 공식을 이탈하지 못하는 모습을 봅니다.

그렇게 자기를 죽여 가며 스스로 죽어 가는 줄도 모른 채 부모를 살리는 자녀들이 있습니다. 그러한 고통의 이면에는 부모에 대한 사랑이 아닌 절대적 대상, 대타자*라는 대상으로부터 분리되고 싶지 않은 욕망도 존재합니다.

어떤 감수를 해서라도 부모를 놓지 못하는 자녀들의 이면에는 상상계적 두려움과 욕망이 자리합니다. 궁극에는 부모를 보호하고 살리고자 하는 주체들이지요. 부모를 살리고 내가 죽어 가는 것도 전통적 효(孝)의 관점에서는 아름다운 일입니다. 그러나 궁극적인 효를 이루려면 자녀 스스로 알고 하는 선택이어야 합니다. 기꺼이 내가 나를 포기하고 우선적으로 부모를 받아들여야 아름다운 선택이 될 수 있습니다.

그렇지 않으면 죽지 않는 자신의 욕망과 충동은 억압되고 배제된 채로 자신들이 누구를 보호하고 있는지도 모른 채, 고통과 '증상'이라는 언어로 출현하지요. 그 책임은 가까운 타자에게 전가될 뿐입니다.

---

* 거울 이미지인 '소타자'와 구별되는 타자로, 독특한 또 다른 주체인 동시에 자아가 다른 주체와 관계를 맺도록 매개해 주는 상징적 질서를 말한다.

여자의 심리코드

여자를 알아야
여자가 보인다

가족을 중심으로 돌아가는 우리 문화권에서 숱한 육아 전문가들은 신탁을 제시하는 언어를 발화합니다. 그들의 지침은 엄청난 조회 수를 기록하지요. 많은 여성들이 그들의 지침을 들었다면, 우리 아이들이나 여성들은 이미 행복해야 하겠지요.

전문가들은 이렇게 이야기합니다.

"엄마의 시선이 중요하다."

"엄마의 말이 중요하다."

"안정된 수유가 중요하다."

모두 다 맞는 말입니다. 그렇지만 이 말에는 왜 엄마가 아이에게 사랑의 시선을 줄 수 없는 상태인지 질문이 선행되어야 합니다. 안 되는 것을 억지로 해야 한다는 솔루션과 빼곡한 정보만 흡수했다면, 엄마의 죄책감은 더 커질 뿐입니다. 육아 정보에 압도되어 또 다른 고통을 호소하게 됩니다.

저는 육아 상담이나 아이들 문제로 상담이 들어오면 되도록 받지 않으려 합니다. 자칫 "그래서 선생님 어떻게 해야 할까요.

솔루션을 주세요"라는 꼬리에 꼬리를 무는 게임만 반복되기 때문이지요. 그렇게 솔루션을 제시해도 '들리지' 않기 때문이고, 질문은 끝이 없기 때문입니다.

들리지 않는다는 뜻은 내 의지나 태도, 마음이 없어서가 아니라 내가 어떤 충동에 사로잡혀 있기 때문입니다. 들리지 않는데 계속 앞만 보고 뭘 해야겠다고만 생각하지요. 이렇게 끝없는 정답을 찾아 헤매는 이유는 더 좋은 방법을 찾기 위함보다 질문 자체를 이어가며 대타자의 언어를 흡수하려는 히스테리적 현상의 일환이기도 합니다.

히스테리적 주체들은 자신의 결여를 대타자라는 대상에게 지식을 요구하는 방식으로 대체합니다. 그 대체할 지식은 양육에 대한 불안 또는 부부관계, 가족에 대한 불안 요소를 없애줄 무엇이라 여깁니다. 나의 결여를 대체하기 위한 재료인 줄 모른 채 폭식하듯, 진정한 해답을 줄 무엇이 존재하리라는 생각을 멈추지 않습니다. 그 욕망으로 인해 무의식의 차원에서 불안과 갈등이 만들어지기도 합니다.

전문가들이 내리는 해답은 또 하나의 명령, 주인 명령을 실행합니다. 그것은 또 다른 억압을 초래하지요. 엄마가 자신이 겪은 과거의 상처 때문에 아이에게 감정을 반복적으로 퍼붓는 과정에서 무의식적으로 절정감, 쾌감을 체득하게 됩니다. 이러한

여자의 심리코드

경험이 자신을 억압한다는 사실을 찾아내는 일은 중요합니다. 그렇지 않으면 충동에 의해 그 쾌감을 반복적으로 획득하면서 반대로는 죄책감에 시달리기 때문입니다.

좋은 엄마가 아니라서 느끼는 죄책감이나 아이의 정서에 해악이 될까 지레 두려운 것이 아닙니다. 아이를 대상으로 자신의 은밀한 쾌감, 즉 은밀한 성 충동을 만족시키면서 느끼는 죄책감 때문이지요. 이것을 알아차리기는 어렵습니다. 좋은 엄마 교육을 열심히 받지만 내 충동은 그대로인데 육아가 잘될 리가 만무합니다. 그러기 위해 여성의 구조와 남성의 구조, 인간이 가진 충동과 히스테리적 주체가 어떻게 성 충동을 만족시키는지, 어떻게 관계를 중심으로 욕망을 충족시키는지 관심을 가져야 하겠지요.

정신 분석학자 장 다비드 나지오가 "히스테리증자*는 생식기를 제외한 모든 부분에서 성적 만족을 가져간다"라고 말했듯, 우리가 반복하는 쾌락과 무의식적 만족에는 보이지 않는 은밀

---

* 정신 분석에서는 유아의 초기 언어 유입에 따라 내적 욕망의 구조가 나뉜다. 신경증, 도착증, 분열증으로 인간을 크게 세 구조로 나누어 보는데 도착증과 분열증은 다른 범주에 속하며 신경증에서 강박신경증과 히스테리신경증으로 구분한다. 강박신경증은 대부분 남성, 히스테리신경증을 대부분 여성으로 나누는데, 남성 중에도 히스테리신경증이 있으며 여성 중에도 강박신경증이 있다. 편의적으로 대부분의 남성을 '강박증자'라고 표현하며 대부분의 여성을 '히스테리증자'라 표현한다.

한 성 충동이 자리하고 있습니다. 아이러니하게도 생식기를 제외한 여러 부분에서 성적 만족을 취하는 히스테리적 주체일수록 더더욱 노골적인 성이나 성 충동에 대한 언급에 혐오감을 드러내는 경향이 있습니다. 그래서 더 자신들의 진리, 진실에 접근하기가 어렵지요.

하루를 살아도 만족스럽게

저의 사유와 공부는 '죽음'이라는 가치를 살아 있는 언어로 발화한다고 생각합니다. 죽음은 충동을 죽이고 욕망을 거세하고 잘 억압해 원활하게 기능하고 적응하도록 하지 않습니다. 죽음은 고통이나 증상이라는 펄펄 살아 움직이는 생의 충동을 스스로 인정하고 수용하는 데서 출발합니다. 그 수용과 허용의 과정에서 필연적으로 포기와 멈춤이 일어납니다. 그것이 죽음입니다.

많은 철학자들은 죽음이 없는 언어, 죽음이라는 가치가 없는 언어는 좋은 글이 될 수 없다고 말했습니다. 그 의미가 무엇인지를, 정신 분석을 실천하며 경험하게 됩니다. 어떻게 하면 더 잘 살지 고민하는 삶이 아니라 하루하루 더 잘 죽기 위해 산다는 생각이 듭니다.

불교의 많은 가르침도 결국은 '죽음'으로 해석되는 듯합니다. 인간이 생을 유지하는 동안 멈출 수 없는 애욕과 욕망들, 정신 분석에서 말하는 충동과 요구는 우리를 아수라로 끌고 들어가기를 멈추지 않지요. 그리고 고통에 몸부림치며 어떻게 하면 이 고통에서 벗어날 수 있을지, 어떻게 하면 이 공허함과 무력함에서 벗어날 수 있을지를 호소합니다. 정신 분석은 '나를 억압하는 고리'를 찾아내고 다른 출구를 모색하도록 돕습니다.

현대 심리학은 과학이라는 기치 아래 온갖 증상에 이름을 붙이고 증상을 제거하고, 억압하는 기술과 약물을 끝없이 개발하지요. 좀 더 살고자 하는 욕망의 반영입니다. 마치 죽지 않고 내 세상이 영원히 지속될 듯하지요.

하루를 살아도 조금 더 만족스럽게, 조금 더 자유로워지고 싶은 바람이라고 말하지만 정작 우리는 자유로움에 접근하기 위해 어떻게 세상을 죽이고 타자의 욕망을 죽여야 하는지를 고려하지 않습니다. 그래서 저는 정신 분석을 하며 고민합니다. '죽어야 산다는 말'처럼 내 생명을 죽이는 것이 아니라 온통 타자로 덮여 있는 타자의 욕망과 산물을 어떻게 죽여야 하는지에 대해서요.

우리는 진정으로 자유로운 나로 살아남기 위해, 아무것도 남지 않은 텅 빈 죽음의 장소에서 존재로 무엇이 살아남는지를 터득하기 위해 투쟁해야 합니다. 그 투쟁의 길에서 내가 어떤 언어로 조직되어 있는 사람인지, 누구의 욕망으로 살아가고 있는지, 나를 지배하는 충동의 원인은 무엇인지를 고민해야 하지요. 그 고민의 과정이 타자의 욕망을 이해하고 더 나아가 타자의 욕망과 거리를 두며 내가 나로 있게 하는 공간을 열어 줄 것입니다.

영원한 애증 관계에
놓인 여자들

엄마가 딸을 흡수하면 할수록
딸은 엄마의 부조리와 결함을 더욱 집요하게 찾아내며
완전한 어머니가 되도록 요구하기를 멈추지 않는다.

50대 미희 씨가 상담실을 찾아왔습니다. 그녀는 소파에 앉아 살아온 시간만큼의 무수한 서사를 펼쳐 놓았습니다. 미희 씨가 펼쳐 놓은 수많은 언어 가운데 집요하게 반복하는 문장이 있었습니다.

'아픈 아이에게 최선을 다해 헌신해야 한다.'
'아이가 아픈 이유는 내가 엄마로서 결핍을 제공하고 상처를 주었기 때문이다. 그래서 내가 더 성숙한 엄마가 되어야 아이가 나을 것이다.'

미희 씨가 말하는 아이는 이미 다 자란 29세의 여성입니다. 다만 그녀의 딸은 여러 정신적 증상을 겪고 있었지요. 엄마의 이런 노고가 아름다운 헌신으로 보일지 모르지만 미희 씨가 반복하는 문장 안에서 정작 그 '아이'는 존재하지 않았습니다. 그것이 그녀가 아이를 붙들고 있는 무의식적 욕망입니다. 그 욕망 안에서 사위어 버린 딸은 결국 돌이킬 수 없는 증상으로 응답하고 있었습니다. 미희 씨는 모든 것은 자신으로부터 비롯되었으며 오직 자신만이 아이를 구원할 수 있고, 아이는 구원해야 할 소명으로 여겼지요.

미희 씨가 심층적으로 더 깊게 사랑과 희생을 퍼부을수록, 자녀로부터 돌아오는 것은 폭력적인 언사였습니다. 미희 씨가 자녀를 견디고 받아들이는 행위 속에는 어떠한 '금지'도 '멈춤'이라는 경계의 설정도 없습니다. 자녀에게 무한하게 주다 보면 모든 것이 회복되고 온전해지리라는 모성의 강력한 욕망만 남을 뿐이지요. 그녀의 언어 속에는 어떤 '부성적(법적)' 음성도, 상징계적 경계도 없습니다. 이것은 모성이 아니라 여성이 모든 에너지를 자기 자신에게로 되돌리는 '거대자기'에 함몰된 상태에 지나지 않습니다.

엄마와 딸이 둘의 관계 안에서 아버지의 직접적인 활동이 개입되지 못했다면 어머니는 자신의 언어 속에서 "멈춰"라든지 "안 돼"와 같은 부성적 언어를 발동해야 합니다. 그렇지 않으면 자녀는 엄마의 멈출 줄 모르는 사랑과 희생 속에서 과잉으로 초과되는 에너지를 감당할 수 없습니다. 도리어 엄마를 집어삼키려 하고 사사건건 엄마를 통제하려 듭니다.

멈출 줄 모르는 폭주 기관차처럼 엄마를 집어삼키려는 딸의 욕망을 멈추지 않는다면, 이때 자녀가 치러야 하는 대가는 분열적 증상들입니다. 엄마가 자신의 죄책감에 매몰되어 딸을 흡수하면 할수록 딸은 엄마의 부조리와 결함을 더욱 집요하게 찾아내며 완전한 어머니가 되도록 요구하기를 멈추지 않습니다.

◖◗

거대자기에 매몰된
사랑이라는 착각

'리비도(Libido)*'에 대해서 들여다보겠습니다. 리비도를 쉽게 '에너지'라고 보면 리비도는 '자아리비도'와 '대상리비도' 두 가지로 보통 나누어 볼 수 있습니다. 충동과 에너지가 대상에게 가닿지 못하고 자기 자신에게로 돌아오는 것이 자아리비도인데, 이는 나르시시즘과 긴밀한 관계에 있지요.

* 정신 분석학 용어로 성본능(性本能), 성충동(性衝動)의 뜻.

프로이트는 사랑을 할 때, 대상리비도의 발달과 자아리비도의 상실이 동시에 일어난다고 봤습니다. 그에 따르면 사랑을 한다는 것은 자아리비도가 대상으로 흘러감을 뜻하지요. 사랑은 자아에 붙어 있던 리비도를 대상으로 옮긴 것입니다.

온통 자녀에 대한, 그중에서도 장녀들에 대한 죄책감에 시달리며 집요한 유착관계를 보이는 여성들이 있습니다. 이들은 사랑을 자녀에게 온전히 주지 못한 죄책감으로 딸에게서 멀어지거나 떨어지지 못하고 끝없이 속죄하고 대가를 치루려 합니다. 아이에게 잘못한 '나'에게 초점이 맞춰져 있을 뿐 아이를 받아들이고 이해하는 데 에너지가 없기 때문입니다. 이러한 여성은 가족 속에 존재하고 사회적 관계망 안에서 존재하지만, 실제 관계를 맺지 않습니다. 오직 타자를 통한 자신만 존재할 뿐입니다.

자아리비도라는 에너지가 온통 자신에게 집중되고 그 집중된 에너지로 인해 세상의 모든 관계와 현상을 투과하는 시선을 갖게 된다면, 그가 보고 있는 세상은 현실이 아니라 자신이 만든 자신만의 세상입니다. 이 에너지의 축적이 과잉되면 편집적 망상에 이르기도 합니다.

편집적 망상은 "누군가 나를 싫어하는 것이 분명하다"라는 확신, "누군가 나를 꿰뚫고 있다"라는 확신에 기인합니다. "나만

여자의 심리코드

왜 이렇지? 왜 나만 미워하지?"라는 생각도 편집적 망상의 일부입니다.

에너지 과잉이 자신에게로 모두 쏠려, 스스로를 학대하고 비난하는 듯하지만 오히려 거대한 자기 자신, 즉 거대자기에게 압도되는 것입니다. 이렇게 엄마로부터 받는 리비도의 과잉 투여 속에 자녀들은 그것이 주는 쾌락과 고통 때문에 다른 곳으로 자신의 눈을 돌리고 확장해 나가기가 매우 어렵습니다.

이때 "이런 거대자기로부터 떨어져 나오려면 어떻게 해야 하나요?"라는 물음이 생기겠지요. 우선은 내가 어떤 방식으로 그 에너지를 반복적으로 나 자신에게 돌리는지를 관찰하고 그 회로를 인지하고 알아차려야 합니다. 분명한 한 가지는 과거로부터 이어져 온 관계 안에서 그 회로가 보여 주는 공통적인 특징이 반드시 존재한다는 사실입니다. 그 특징을 곱씹고 또 곱씹어 보고 집요하게 바라보고 머물러야 합니다. 그것이 우선입니다.

리비도는 표면적으로 드러나기도 하지만 대부분 매우 무의식적으로 투여되기에 겉으로는 드러나지 않습니다. 그래서 자신의 에너지가 어느 한곳에 집중되어 타인에게로 나아가거나 닿지 않는 경우가 많습니다. 특히 나르시시즘적 리비도, 즉 자아리비도에 천착이 되었다면 겉으로는 아무리 관계를 맺고 사랑을 반복해도 실은 타인에게 내어 줄 자리를 마련하지 못합니다.

연애 관계에서 사랑이 항상 난관에 부딪힌다면, 나의 에너지, 즉 리비도가 어디에 집중되었는지를 알아야 합니다. 나의 리비도가 어떤 방식으로 주로 어디로 흘러가는지, 매몰되거나 모여 있지는 않은지, 또 그 방식이 어떤지를 알아야 반복되는 관계의 갈등을 해소할 수 있습니다. 더 나아가 사랑의 문제에 대한 실마리도 찾을 수 있겠지요.

딸에게 주어진
착한 아이라는 이름

우리는 때때로 화목한 가정이라는 허울 좋은
가족주의라는 단단한 방패 이면에
어떤 폭력이 자녀들에게 가해지는지 묵과한 채로 산다.

"소녀가 어머니와 동일시하고 경쟁하는 동안 아버지는 딸을 성적

대상으로 삼거나 자신의 남근으로 여기는 것, 즉 근친상간적으로

소유하는 것을 확실히 거절해야 한다."

- 장 다비드 나지오

선아는 어디를 가도 어디에 있어도 늘 어떤 시선이 따라다니
는 듯한 느낌에 시달립니다. 특별한 증상은 없지만 언제나 자신
을 바라보는 시선을 느껴 답답할 때가 많습니다.

그녀는 아버지에게 더없이 착하고 성실한 딸입니다. 어린 시

절부터 유난히 아버지와 관계가 돈독했고, 아버지는 성장하는 딸에게 조금씩 더 집착하는 모습을 보였습니다. 아버지는 어머니와 갈등이 생기면 늘 선아에게 전화를 걸어 하소연을 했습니다. 그런 어머니와 아버지를 중재하는 일은 늘 선아의 몫이었습니다. 직장이 지방이라서 부모와 떨어져 있어도 선아는 하루에 한 번씩 안부나 안전을 위한 전화를 의무처럼 해야 했습니다.

다소 과한 부녀의 돈독함으로 어머니와 사이가 어색해지거나 불편해질 때도 종종 있었습니다. 아버지는 나이가 들면서 딸인 선아에게 감정적으로 더 깊게 의존하는 듯했습니다. 선아는 가족이니 그럴 수 있다고 생각하면서도 정체를 알 수 없는 불편함과 석연치 않은 느낌을 달고 살아야 했습니다.

선아가 심층 분석을 받아보겠다고 생각한 연유는 자신은 화목한 가정에서 무탈하게 잘 자란 사람 같은데, 연인이 생기면 관계를 이어나가기가 무척 어렵고, 당혹스럽게도 성관계에 집착하거나 매몰되는 자신을 발견했기 때문입니다. 한창 젊은 연인이 서로 즐겁게 향유할 수 있다면 문제가 안 되겠지만 선아는 매우 집착적으로, 관계보다 성 자체에 몰두하는 자신에게 무슨 문제가 있나 싶어 두렵기까지 했습니다. 선아의 두려움은 실제 문제인지 아닌지를 차치하고라도, 우리 사회에서 여성이 성에 대해 지배된 인식이 얼마나 폐쇄적인지 보여주는 단면입니다.

선아와 아버지는 매우 좋은 사이로 비쳐졌지만 다소 이상한 점들이 발견됐습니다. 아버지는 선아가 20대 중반이 넘었는데도 용돈을 주면서 스킨십을 요구했습니다. 용돈을 줄 테니 볼에다 입맞춤을 해 달라거나 안마를 해 달라는 식이었습니다. 저녁에 아버지가 술을 마시고 싶을 때는 꼭 선아를 앞에 앉혀 놓고 이야기를 했고 선아가 자리를 피하려고 하면 또 용돈으로 딸을 불러 앉히고는 했습니다.

선아는 용돈을 받기 위해서가 아니라 그렇게까지 하는 아버지를 뿌리치지 못해 늘 아버지의 요청을 들어주었지요. 아버지는 어머니와 갈등이 심해져서 다툼이라도 일어날 때는 선아를 붙들고 폭발적인 말을 쏟아 내며 억울함을 호소했습니다. 그런 아버지의 말을 끝까지 들어야 하는 일이 어린 시절부터 선아에게 부여된 의무이고 역할이었습니다.

때때로 아버지는 선아에게 시집도 가지 말고 함께 살자고 말하기도 했습니다. 선아는 알 수 없는 끔찍한 느낌이 들면서 어찌해야 할지를 몰라 어머니에게 이야기하면, 어머니는 딸이 그 정도도 들어주지 못하냐, 아버지가 너를 예뻐해서 그러는데 그러려니 하라고 했지요. 선아가 조금 더 강력한 항의를 어머니 앞에서 표현하면 어머니는 도리어 아버지는 가장이고 나의 남편이니 네가 잘해야 한다고 더 단호하게 나왔습니다.

이야기를 하다 잠시 멈춘 선아는 자신이 아버지의 정부가 된 느낌이라고 말했습니다. 비약적이고 끔찍한 표현이지만 사실입니다.

●

무엇이 딸을
아프게 하는가

우리가 아이들을 키울 때 종종 아빠가 아이를 괴롭히면서 귀여워하고 즐거워하는 경우가 있습니다. 이는 분명히 가학적인 행위를 하며 아빠가 쾌감을 획득하는 중인데, 아이가 예뻐서 그러니 아이에게 마냥 참으라고 한다면 폭력적인 태도임에 틀림없습니다. 그렇게 예뻐한다는 명목 아래 괴롭힘을 당하면서 사랑이라고 착각하게 만드는 행위가 고착되어, 아이의 대인관계에 어떤 영향을 미칠지는 간과한 채로 말입니다. 화목한 가정이라는 허울 좋은 이미지로, 가족주의라는 단단한 방패 이면에 어떤 폭력이 자녀들에게 가해지는지 묵과한 채로 말이지요.

선아의 어머니는 자신이 감당하기 불편한 지점에서는 딸 뒤로 숨으며 딸이 남편에게 정신적인 차원을 넘어 감각적인 만족을 제공하도록 부추겼지요. 아버지의 감각적인 말과 태도에 대한 자극은 선아의 성 충동에 직접적으로 영향을 끼친 듯 보입니다. 단순히 성적인 것에 민감한 여성에 그치지 않고 연인과의 관계에서 매우 피학적이고 남성의 일방적인 성 태도를 견디도록 무의식에서 강제받았지요.

선아의 아버지는 매우 외설적인 행동을 딸에게 서슴지 않았습니다. 용돈이라는 매개로 딸에게 화대를 주듯 대했고 딸은 이미 심층적인 곳에서부터 알아차렸지만, 표면화되어 실재로 받아들이기에는 너무도 끔찍하고 두려웠을 것입니다.

딸은 용돈이 아니라 자녀의 의무나 도의를 저버리지 못했을 뿐입니다. 아버지는 아버지라는 관계를 이용한 부성적 남성의 권력을 행사한 것입니다. 이때 아버지의 무의식도 정말 딸이 용돈에 응답했으리라고 생각하지 않았을 것입니다. 용돈이라는 화대를 '말'로 제공하고 그 '말'에 반응하는 딸이라는 프레임을 만들었을 뿐이지요. 선아의 아버지는 가학적 남성이 누리는 쾌락을 부성적 언어로 반복했습니다.

정신 분석에서 말하는 '근친상간적 욕망'은 부모가 아이에게, 아이가 부모를 향해 갖는 육체적 욕망만을 말하지는 않습니다. 남아든 여아든 유아가 어머니라는 육체의 원형으로 회귀하여 완전한 융합, 태곳적 행복을 추구하려는 충동이 있고, 성인이 된 우리 모두에게도 존재합니다. 남성이 여성의 육체를 탐할 때, 그것이 단순한 육체적 감각과 쾌락만을 위한 것이 아니라는 말이지요. 다 자란 성인 가족 내에서 일어나는 애정과 사랑의 표현에 적절한 경계가 없는 것 또한 그 충동의 잔여들로 이루어져 있습니다.

신경증은 이런 원형적 만족과 충동을 억압하며 발생합니다. 덜 억압된 도착적 충동은 남성은 딸에게, 여성은 아들에게 직접적으로나 은유적으로 전가되기 쉽습니다. 이렇게 부녀지간, 모자지간에서 은밀하지만 매우 외설적인 관계가 형성되는 양상은 어렵잖게 확인됩니다.

선아의 부모가 어딘가 잘못되어서 그랬을까요? 아닙니다. 그저 삶의 만족에 대한 자신과의 싸움, 그리고 사색을 이어가기보다는 가장 손쉽고 편리하고 안전한 방식으로 에너지를 딸에게 쏟아 보내는 방법을 택했을 뿐입니다.

모성과
가족로맨스의 배신

그럼에도 아들은 어머니를 배반할 수 있어야 하고
그럼에도 딸은 아버지를 배반해야만 한다.

성재 씨는 결혼 13년 만에 파경을 맞았습니다. 성재 씨에게는
홀어머니가 있었습니다.

그의 어머니는 어린 나이에 결혼해 아들 둘과 딸을 낳았고 눈
앞에서 쉼 없이 바람을 피우며 그녀를 좌절하게 하는 남편과 살
아 냈습니다. 경제적으로도 무능한 남편을 향한 분노와 여성으
로서 자신을 무력화시킨 남편을 향한 원망은 아이 셋을 키우는
내내 자식들에게 이어졌지요.

두 아들은 엄마를 보호하는 호위 무사들처럼 자라났고 결혼
하고 중년의 나이에도 아내나 새롭게 일군 가족보다는 어머니

가 우선이었습니다. 어머니가 조금이라도 힘들어 보이면 두 아들은 똘똘 뭉쳐 엄마를 보호하고 지키는 데 온 에너지를 쏟았습니다. 어머니는 힘겨웠을 텐데도 자신들을 버리지 않고 가족을 지켜 냈고, 두 아들은 그런 어머니를 생각하면 늘 가슴이 저려왔기 때문이지요.

막내인 딸은 오빠들의 사랑을 받았지만 묘한 소외감을 일생 느끼며 살았습니다. 힘든 어머니를 지키는 오빠들로부터 소외감을 느끼는 자신을 자책하고 죄책감을 가지며 괴로워하기도 했지요.

두 아들 중 큰아들인 성재 씨가 이혼이라는 인생의 사건을 겪으며 지난 삶을 돌이켜보기 전까지는 한순간도 아들로서 자신의 노력을 의심해 본 일이 없었습니다. 어머니는 무조건 지켜야 하는 대상일 뿐 남성인 자신이 무엇을 요구하거나 힘들게 해서는 안 된다는 강한 책임감만 있었습니다. 그래서 자신이 이룬 가정과 아이들을 뒤로 밀어 냈고, 그로 인해 아내와 끝없는 분란이 겪었지요.

아내가 서운하고 속상해 해서 성재 씨가 어머니에게 조금이라도 소홀해지면, 어머니는 신기할 정도로 때맞춰 건강이 안 좋아졌습니다.

어머니를 돌보는 두 형제도 의기투합만 하지는 않았습니다.

여자의 심리코드

서로 더 잘하고 싶은 마음에 묘한 신경전이 벌였고, 어머니는 알게 모르게 두 아들을 부추기며 아들들이 자신을 더 독점하도록 만들기도 했습니다. 중년이 훌쩍 넘은 두 아들들이 경쟁하듯 어머니를 차지하려는 모습은 그들의 아내들에게도 전가되어 동서지간의 경쟁도 함께 붙었습니다.

가족 모임에서 자식들이 조금이라도 불편한 기색이 보이면 어머니는 매번 지난 삶을 끌어다 자신이 아버지로부터 얼마나 고통을 받았는지를 잊지 않도록 주지시켰지요.

그렇게 성재 씨는 십수 년 동안 어머니 때문에 결혼생활에 분란을 이어왔지요. 그러다 결국 자신을 떠나겠다는 아내의 선언을 듣게 된 것입니다. 그런 아들의 이혼 앞에서 어머니는 오히려 속 시원하다는 반응을 보였습니다.

어머니의 태도에 성재 씨는 충격으로 모든 것이 흔들렸습니다. 성재 씨가 선택의 여지없이 아버지의 빈자리로 끌려 들어가 아들로서가 아닌 남자로서, 어머니를 지키는 호위 무사였음이 드러나는 순간이었지요. 그것도 어머니의 필요에 따라 선택되어지는 자신의 위치를 견디기 어려워하면서요.

성재 씨의 어머니는 너무 어린 나이에, 여자가 되기도 전에 엄마가 되고 여자로서의 끝없는 좌절을 겪어서 자신이 낳은 아들을 집어 삼키게 되었을까요? 서사를 간단히 이야기했지만 사실 이런 환경적 요인은 하나의 부가적 요소에 불과합니다.

그녀가 여자로서 가진 서슬퍼런 욕망은 모든 다른 여자들(딸, 며느리)을 밀어내며 자신만 존재하게 했습니다. 그 욕망은 아들이라는, 남성이라는 남근을 소유하는 데 있었으니까요.

아들의 가정이 깨어지고 아들이 불행에 몸부림쳐도 아랑곳하지 않는 어머니를 보며 성재 씨는 지금까지 자신이 생각하고 지켜왔던 어머니의 모습이 거짓은 아니었는지 비로소 의심하기 시작했습니다.

아이를 위한다는
여자의 욕망

종종 아들을 둔 여자들은 '모성이라는 옷깃'에 자신의 마녀성을 은밀히 감추어 펼쳐 보이고는 합니다. 마녀들의 아들들은 어머니가 만든 늪에서 옴짝하지 못하며 착한 아들로, 어머니를 거스르지 못하는 아들로 일생을 살아가기도 합니다.

욕망은 대상의 소유라는 만족을 향해 질주하고 도착적 만족을 향한 욕망으로까지 이어집니다. 착한 아들이 되는 이유는 어머니에 대한 연민뿐만은 아닙니다. 어린 소년에게는 엄마가 무한한 쾌락의 대상이기도 하지만 그들에게 첫 여성인 엄마는 알 수 없는 압도감으로 전해지는 두려움, 이성이라는 이질적 불안함이기도 합니다.

대개 딸이 엄마를 향한 근본적인 두려움보다 아들이 어머니라는 이성인 여성에게 갖는 불안과 두려움이 근본적으로 더 크다고 말하기도 합니다. 아이를 위한다고 말하고 아이에게 그것을 믿게 만들기 위해 노력하는 여성의 욕망 앞에서 어린 존재들은 선택의 여지가 없습니다.

반면에 딸의 아버지들은 폭군으로 가부장이라는 권위와 그들의 가학성을 가지고 딸들을 폭압하며 작은 문짝 소리에도 놀라 움츠러드는 피학적 여성을 생산하기도 합니다.

이렇게 '가족로맨스'라는 사랑과 애착 이면에는 위치와 무관하게 여성과 남성이 가진 근본적인 욕망의 뒤엉킴이 존재합니다. 성재 씨는 결혼의 파국에 이르러서야 히스테리적 의구심으로 마음을 열기 시작했습니다.

많은 남성들은 자신을 압도하는 두려움과 불안으로부터 마치 그런 일이 없는 듯한 태도로 회피하는 경향을 보이기 쉽습니다. 오히려 성재 씨의 어머니는 일관되게 자신이 여성임을 고집했으니 어떤 면에서는 솔직합니다. 더 은밀하고 더 간악하게 아들이라는 남근을 자신의 자궁 밖으로 내어 놓지 않고 포기하지 않으려는 어머니들도 많으니까요.

그럼에도 아들은 어머니를 배반할 수 있어야 하고 그럼에도 딸은 아버지를 배반해야만 합니다. 모든 뿌리가 잘려 나간 기댈 곳 없는 단신으로 홀연히 벌판에 서야 새로운 뿌리를 내리고 자신만의 가족을 만들어 갈 수 있습니다.

이름을 부르지 않아도 꽃이 되었다

소속을 강요하는 사회 속에서
여성은 자신의 자리로 되돌아오기 위한
움직임을 멈추지 말아야 한다.

소속의 가장 기초적인 단위가 '관계'이고 '가족'입니다. 여성이 남편이나 연인에게 하는 요구에는 애정에 대한 욕구, 결핍, 충족뿐만 아니라 그에게 나의 자리를 만드는 소속의 측면도 담겨 있습니다. 끝없이 요구할 '대상'을 설정하고 그 대상에 소속되기 위해서지요.

여성은 스스로 여성임을 포기하지 못한 채 남편뿐 아니라, 아들과 관계에서도 부모가 아닌 여성적 위치를 고수할 수 있습니다. 자녀 앞에서 부모는 그냥 부모이고 부모로서 야단을 칠 수도, 나무랄 수도 있습니다. 그러나 부모의 권력을 행사하는 일과 부모의 위치에서 자녀에게 할 수 있는 일은 다릅니다. 여성적 위치를 집요하게 고수하는 여성은 약자인 여성의 면과 수동적 태도만 고수할 뿐입니다.

아들에게 집착하는 엄마라면, 아들 앞에서 그저 좋은 엄마가 되고 싶었다고 스스로 오인할 수도 있지만, 좋은 엄마이고 싶어서가 아니라 부모의 위치보다 여성성을 고수했기 때문입니다. 분명히 구분되지만 여성 주체들이 그것을 자각하는 데까지 나아가기란 쉽지 않아 보입니다.

우리 사회가 많이 발달했다지만 아직도 많은 여성들은 아이를 낳아야 '내가 할 도리'를 다했다는 심리적 부채감을 갖고 있습니다. 30대 결혼한 여성들과 심층 작업을 할 때, 종종 발견되는 이러한 현상에 매번 놀라움을 느낍니다. 여성들은 아들이면 좋고 아들이 아니어도 아이를 하나 이상은 낳아야 일단 마음을 놓지요. 그녀들이 말하는 도리는 일차적으로는 남성을 중심으로 한 구성원을 만드는 것에 있고, 자의든 타의든 시댁이라는 가부장적 압력으로부터 자신을 보호하고자 하는 장치가 되기도 합니다.

프로이트는 "오로지 어머니와 아들의 관계만이 어머니에게 완벽한 만족감을 부여할 수 있게 된다. 왜냐하면 이 관계는 모든 인간관계에서 가장 완벽하고 분명한 것이기 때문이다"라고 했습니다. 이리가레는 이러한 프로이트의 남근 중심주의를 비판했습니다. 이리가레의 비판에 충분한 동의를 하면서도 한국의 가족주의 현실은 프로이트의 전제를 부정할 수만도 없어 보입니다.

과거와 같이 대가족이 아님에도 혈연중심의 가족주의는 여성의 위치를 남편 중심으로, 아이를 낳아 기르는 것에 초점을 두고 있지요. 가족이라는 근간을 부정하지는 않습니다만 이 구조가 여성에게 단순히 개인 차원이 아닌 사회문화적 억압과 고통을 부여함도 사실입니다.

아이를 낳지 않는 부부를 '딩크족'이라고 부르는 명칭이 다소 폄하하는 듯한 인상을 주는 이유도 그렇습니다. 우리의 사회와 가족구조는 남녀가 두 사람을 중심으로 새로운 생명을 계획하고 두 사람과 아이를 중심으로 삶을 설계하는 일에는 아직도 미진해 보입니다.

●

여자는 반드시
소속되어야 할까

가족주의의 깊숙한 곳곳에 자리하는, 아들을 자신의 남근적 욕망을 실현시키는 소유와 대체물로 여기는 어머니들은 넘칩니다. 아들에서 끝나지 않고 며느리에게 손주를 "낳아 달라"는 표현을 서슴지 않고 말하기도 하지요. 어린 손주를 보는 기쁨을 넘어 멈추지 않는 소유에 대한 욕망으로 보입니다.

여성이 가지는 아이를 향한 욕망과 소망은 여성성과 분리해서 생각할 수 없는 요인이 됩니다. 부부간의 풀리지 않는 문제를 타계하는 하나의 방편으로 아이를 갖기도 하고, 재혼 부부 중 여성 쪽에서 재혼 배우자와 사이에 반드시 아이를 원하기도 합니다. 사랑하는 사람들 사이에서 새로운 생명을 얻는 행위를 넘어 여성 자신의 소속, 더 나아가 남성에 대한 지분을 공고히 하는 데 출산을 선택합니다. 이로써 소유와 소속은 떼려야 뗄 수 없는 불가피한 관계에 놓이게 되지요.

아내가 남편의 아이를 낳지 못하는 한 부부간의 행복은 불안정한 상태에 머물게 되어 완벽한 인간애의 모델은 그때부터 남편 쪽으로 전이될 수 있다고 볼 수 있지요.

여성이 소속감을 갖기 위해 취하는 방식은 여러 경로를 통합니다. 결혼이라는 구조 속에서 아내의 역할, 손주를 낳는 며느리로서의 역할에 헌신하며 자신의 위치를 확보하기도 하지만 아무리 노력해도 그 '소속감'은 미진합니다.

여자의 심리코드

소속감을 갖기 위해서는 반드시 '대타자'가 필요합니다. 대타자는 승인하고 인준하는 아버지의 법으로 상징성을 갖습니다. 채울 수 없는 소속에 대한 갈망과 정체성에 대한 혼란은 끝없는 헌신의 악순환을 만들며 '홀로서기'에 대한 공포와 두려움을 더욱 강화시킵니다.

공격성에 대한 과도한 불편함과 불안, 공포를 가진 여성들이 있습니다. 마찰이나 갈등이 일어날 때 극도의 불편함을 호소하며 갈등 상황을 만들지 않기 위해 자신을 억압하고 주변을 만류하는 여성들이지요. 그녀들은 스스로가 지극한 약자라는 의식의 구조 속에 갇혀 있기도 하고 다른 한 면으로는 고집하고 있기도 합니다. 어리고 나약한 소녀들이지요. 실제 그녀들이 대응하고 주장할 힘이 있는지 없는지에 대한 현실적인 논의는 무의미합니다. 그것은 여성의 욕망과 관련하여 약함으로써 강력한 대타자를 끝없이 소환하고 유지시키고자 하기 때문이지요.

육체적 고통으로까지 번지는 그녀들의 나약함은 실제적 약함과 무관하다는 뜻입니다. 이런 경우 자신의 나약함과 갈등 회피적 경향을 과거 어린 시절의 상처에서 기인한다고 소환하기 쉽습니다만 꼭 그렇지는 않습니다. 그것은 상처에서 비롯된 트라우마적 약함이 아니라 여성적 욕망에 더 가깝습니다. 여성이 강력한 사회적 또는 가족적 소속감을 가지기 위한 여러 현상들은 기혼 여성이 자신의 시어머니와의 동일시된 욕망을 쫓으며 남성의 욕망에 부합하고 그것이 대를 물려 반복되면서 가부장적 구조의 단단한 틀을 유지합니다.

혼자서도
꽃은 핀다

'너의 이름을 불러 주었을 때 비로소 꽃이 되는 것'처럼 대타자에 의한 강력한 호명과 소속은 여성으로 하여금 많은 희생과 고통을 감내하도록 강제합니다. 소속감 없이 홀로 설 수 있을까요? 우리는 어떤 누구에 의해서가 아닌 스스로에게 속하며 어떻게 진실한 독립을 해낼 수 있을지 고민해야 합니다.

저도 여러 선생님들과 공부하며 깨달은 사실이 하나 있습니다. 대타자성을 띤 대상을 찾고 따르면 끝끝내 넘어설 수 없는 한계를 경험한다는 사실입니다. 그래서 제가 마지막으로 선택한 대타자는 '언어'였습니다. 누군가의 특정한 말이 아니라 그냥 '텍스트'였습니다. 더 이상은 갈 곳 없는 막다른 곳에 이르렀을 때 오직 '텍스트'를 선택할 수 밖에 없었지요. 끝없이 이어지는 텍스트를 먹고 그것을 사유에 옮기고, 그 사유를 다시 분석실의 내담자에게로 옮기는 반복을 이어갔습니다.

우리는 소속감 없이 홀로 서야 합니다. 홀로 선다고 누구의
이야기도 듣지 않고 누구의 말도 믿지 않고 혼자 선다는 뜻은
아닙니다. 만약 그렇다면 마치 언어의 주인 노릇을 하며 스스로
가 신이 되어 버리는 나르시시스적 남성적 태도에 불과하지요.
　우리의 소속을 강요하는 사회 속에서 여성은 계속해서 자신의
자리로 되돌아오기 위해 움직이기를 멈추지 말아야 합니다.

이토록 관계에
집착하는 이유

2장

여자의 심리코드 1.
결핍

여자는
남자의 증상이다

'무의식적 사유가 주체화'되지 않으면
존재는 존재하지 않는다.

"여자는 남자의 증상이다."

라깡이 한 말입니다. 여자가 남자의 증상이라는 말은 여자,
즉 아내나 연인은 '남성의 무의식의 발화'라고 말할 수 있다는
뜻입니다. 남성의 무의식적 욕망은 여성을 통해 발화하기도 하
기 때문이지요.

남성의 욕망이 여성에게 투영되어 어떤 현상 또는 증상으로
드러난다는 말이 조금은 의아하게 들릴지도 모릅니다. 물론 그
반대도 가능합니다. 하지만 우리를 지배하는 거대한 세계의 언

어와 질서는 남성적 팔루스*를 중심으로 이어짐을 부정할 수 없습니다.

영주 씨는 15년 가깝게 결혼생활을 무탈하고 무난하게 유지해 왔습니다. 하지만 영주 씨 안에 알 수 없는 허기와 목마름을 느껴 상담실을 찾았습니다. 착한 남편과 예쁘게 잘 자라는 아이들이 있었지만 갈증을 어떻게 할 수 없어 여러 강좌를 들어 보고 취미도 찾으며 이것저것 경험했습니다. 그러나 마뜩치 않았습니다.

그러던 중에 영주 씨는 그림 반의 강사에게 강렬한 이끌림을 느껴 마음 고생을 시작했습니다. 그 남성의 많은 모습을 혼자서 상상하고 그가 자신에게 관심이 있는지를 찾기 위해, 밤새 어떤 흔적을 따라가는 생각으로 잠을 이루지 못하는 날도 많아졌습니다. 영주 씨 안에서 강사를 향한 마음은 산처럼 불어났고, 그 마음이 너무 아프고 고통스러워 미술을 그만두려고 했습니다.

---

* 프로이트의 글에서는 남성 생식기를 의미하는 음경이 거세 콤플렉스와 관련해 언급되는데 라깡은 이런 생물학적 기능과 구별되는 상상적이고 상징적인 기능을 설명하고자 남근이라는 용어를 사용한다. 이를테면 전 오이디푸스 단계에서 남근은 어머니가 욕망하는 상상적 대상으로 아이는 이것과 자신을 동일시한다. 거세를 경험한 아이는 상징적 남근, 즉 대타자에게 속한 것 또는 대타자의 욕망을 상징하는 절대 기표를 따르게 된다. 정신 분석에서 남근은 생물학적인 것이 아니라 관계나 한 주체에게 있어 권력을 갖는 것을 의미한다.

　　　　　　　　　　　　　　여자의 심리코드

그러다가도 강사가 있는 공간을 떠날 자신이 없어서 주변을 맴돌았지요.

단순하게 보면 영주 씨가 결혼생활에서 권태를 느껴 남편에게서 채워지지 않는 억압된 욕구를 강사에게 투사하거나 옮겼다고 보여지지요. 하지만 그렇게 단순하지 않습니다.

영주 씨 마음이 온통 미술 강사에게 이끌려 에너지를 집중하는 수년간, 남편은 한 번도 영주 씨가 무엇을 하는지 묻지 않았습니다. 오히려 알려고 하지 않았지요. 부부간에 서로에게 어떤 일이 일어나는지를 굳이 묻지 않고 알려고 들지 않는 경우도 물론 있습니다. 사실 부부끼리 서로를 다 알 필요도 없지요. 하지만 그것이 서로를 신뢰하거나 존중해서 두는 건강한 거리인지 증상적 거리인지는 구분해야 합니다.

◖◗

가깝고도 먼 당신,
아내와 남편

영주 씨와 남편은 서로 사이 좋은 부부라고 믿었지만, 남편은 멀찍이 떨어져서 영주 씨를 관찰하려고만 했지 영주 씨 마음에 무슨 일이 일어나는지 알려고 하지 않았습니다. 그는 흔들리는 아내의 마음을 파헤치면 파국에 이를까 봐 두려워서 그랬을까요? 그렇지 않습니다. 남편은 결혼 초기부터 아내와 거리를 유지하면서 아내의 많은 것을 모호한 채로 남겨 두고 아내를 슬쩍슬쩍 들여다보고 훔쳐보는 듯한 태도를 유지했습니다.

영주 씨에게 그런 남편의 행동이 크게 불편하게 다가오지 않았던 이유는 경제적으로 풍요로웠고, 시댁 어른들이 남편 곁을 지키는 영주 씨를 늘 고마워하고 극진히 대해 주었기 때문이었습니다. 영주 씨도 남편을 자신이 투영한 대상으로만 대했습니다. 그 투영된 대상과 결혼을 원만히 유지하는 자체로 남편이 어떤 사람인지, 어떤 상태에 있는 사람인지에 대해서는 의심을 가지려고조차 하지 않았지요.

하지만 잔잔한 표면 아래로 강력한 무언가가 움직이고 있었기에 어느 날 특별한 이슈나 사건이 없었음에도 영주 씨는 흔들렸지요. 영주 씨는 미술 강사에게 이끌리는 마음으로 고통스러웠으나 그와의 특별한 관계를 시도하거나 꿈꿀 생각은 조금도 없었습니다. 감정의 소용돌이가 아프고 괴로웠지만 단순히 자신의 마음이 흔들려서 문제라고만 생각했지, 어떤 커다란 구조적인 문제가 있으리라고는 조금도 의심하지 못했습니다.

남편은 영주 씨가 다른 남성을 만날지도 모른다는 불안을 언뜻 내비치기도 했지만 결코 더 나아가지 않았습니다. 정말 아내가 다른 남성을 만날까 봐 불안했다면 더 알려고 들었겠지요.

여자의 심리코드

하지만 그런 불안을 슬쩍 드러낼 뿐 '알 수 없음'의 상태를 고집스럽게 유지했습니다.

영주 씨 남편의 태도는 오히려 아내의 남모를 시간을 상상하며 아내와 긴장 상태를 유지하고 싶은 것처럼 보이기까지 합니다. 엄마가 자신의 곁을 떠나버리지는 않을지 두려워하는 꼬마 소년이 엄마 눈치를 보며 멀찍이 탐색만 하며 지내는 모습과 흡사해 보이지요. 그런 불안에도 결코 자신을 버리거나 떠나지 않는 엄마를 확인하며 즐기는 듯 보이기도 합니다. 여기서 중요한 사실은 단순히 아이가 엄마가 떠날까 봐 두려워서 모른 체하는 점이 아니라는 사실입니다. 우리의 심리가 그렇게 단순하지 않습니다.

무의식과 욕망, 충동의 차원에서 이해하면 엄마가 떠날까 봐 뚜껑을 열지 않는 것이 아닙니다. 반대로 뚜껑을 열지 않음으로써 파국 또는 안전이라는 명확한 결과가 나오지 않는 유예 상태를 즐기는 것입니다. 어린아이는 엄마가 떠나지 않음을 확인하려면 언제든 떠날지도 모를 불안이 유지되어야 합니다. 무의식의 역설이지요. 그것이 영주 씨 남편이 체화한 고통과 쾌락의 패턴일 수 있지요.

영주 씨는 남편의 욕망의 항로에 올라타 있고 그녀의 무의식과 그녀를 둘러싼 친정 식구들의 욕망까지 함께 공모하고 있었습니다. 영주 씨와 남편의 관계는 치맛자락을 붙들고 주변을 뱅글뱅글 도는 남자아이의 관계 이상도 이하도 아닌 그 어딘가에 갇혀 있었지요. 영주 씨는 그런 남자를 두고 다른 생각을 해서 괴로울 뿐이지 아내로서 갖는 죄책감은 아니었습니다.

게다가 영주 씨는 시어머니가 아들과 맺었던 자리에 시어머니 대신 어머니 역할을 반복하고 있었습니다. 남편에게 영주 씨는 여자가 아니라 단지 엄마일 뿐이라는 것, 그 이상도 그 이하도 아닌 오직 엄마로 존재했습니다.

시어머니와 똑같이 측은하고 무조건 받아내야 하는 대상으로 남편을 위치해 놓고 어떤 부부간의 불만족이나 갈등을 표면화하지 않으며 살아왔습니다. 그 속에서 영주 씨는 왜 자신의 여성임을 포기하면서까지(무의식적으로) 시어머니와 동일한 위치를 받아들이고 더 나아가 시어머니의 욕망(아들에 대한)과 동일시하고 결국에는 공모하기에 이르렀을까요?

여성으로서의 욕구와 만족은 모두 포기하면서 자신이 무엇을 억압하고 있었는지 자체를 몰랐기에 자신과 남편의 관계가 어떤 구조를 가지고 있었는지도 알 수 없었지요. 시어머니는 아들의 문제나 부정적인 면은 들추거나 가까이 가려고 하지 않았고 무조건 덮으며 회피하는 모습을 줄곧 보여 왔으니까요.

영주 씨의 그런 선택에는 또 영주 씨 뒤에 있는 개인의 역사와 서사가 있었습니다. 영주 씨 부모님은 딸이 결혼해서 유복하게 살아가는 일이 세상 유일한 낙이었고, 영주 씨는 그 거대한 두 가족의 구조적 서사를 흔들지 않고 유지하며 살아가야만 하는 상태였습니다.

영주 씨가 남편의 엄마로서 위치를 강건하게 유지해 나가는 데는 남편의 욕망이 강력한 동력이었습니다. 영주 씨는 여자로서가 아니라 엄마로서의 위치와 역할을 하는 아내를 두고자 했던 남편과 시어머니의 욕망에 강력한 희생자였습니다. 여성이 남성, 곧 팔루스를 중심으로 자신의 욕망을 포기하고 살아가는 모습은 마치 여자의 일생인 듯 지금도 다양한 모습으로 여러 사람에게 드러납니다.

◖◗

무의식을 모르면
남자는 여자의 거울이 된다

부부나 연인이 서로를 표면적으로 얼마나 사랑하고 원만한지는 중요하지 않습니다. 부부로 맺어진 관계, 강력한 연인관계는 이미 무의식적으로 깊은 연류에 있으며 그것은 부모와 자식이 맺는 관계와 다르지 않은 정도로 강력합니다.

영주 씨는 자신이 남편을 크게 사랑하거나 커다란 애정이 있다고 느끼지 않았지만 남편(시어머니의 아들)의 엄마로서 남편의 욕망을 유지하고 지켜 준 삶을 살아왔다는 통찰은 꽤 충격이었습니다. 왜냐하면 어떤 일이 있어도 남편과 자신의 상태를 결코 흔들고 싶어 하지 않는 자신을 발견하면서 그것은 더 선명해졌기 때문입니다. 알고 받아들이는 것과 모르고 유지하는 것에는 커다란 차이가 있습니다.

때때로 어떤 증상적 현상이 자신의 고유함 때문인지 남편과 연동한, 남편의 무의식적 반사인지 혼란스럽게 느껴지는 순간이 있습니다. 나의 고유함은 남편과 사이에서 해결되지 못한 채 관계에 영향을 주고받습니다. 아내라는, 남성의 연인이라는 위치에서 여성이 남성의 반사체로 작용하고 있는지에 대한 구분이 모호해지는 순간이지요.

심층적인 나의 상태와 구조를 알아차리고 관계 안에서 역동을 찾아 들어가는 일은 꽤 힘겹습니다. 그런 고통을 감수하고서라도 처음에는 그것들로부터 벗어나고자 몸부림치지만 중요한 사실은 무조건 잘라 내고 벗어나는 일만이 방도는 아닙니다. 심층의 구조를 이해하는 데는 인내와 긴 호흡이 필요합니다. 그 과정에서 무엇을 받아들이고 수용할지, 무엇을 밀어내고 결단할지를 고민하는 과정 자체가 내가 나를 소외시키지 않는 일이

여자의 심리코드

기 때문이지요.

이리가레는 여성을 반사경의 개념을 통해 설명합니다. 반사체로서의 여성, 라깡 개념으로 보면 거울상으로 이야기해 볼 수 있습니다.

한 여성이 남성을 중심으로 삶을 설계하고 모든 것을 맞추며 살아가다가 어느 날 스스로가 해체되는 경험을 합니다. 단순히 가부장적인 문화에 적응하는 사건을 넘어 여성이 남성의 한 부분, 아내로서나 연인으로서 존재할 때 그 남성의 성취와 삶의 궤적을 중심으로 자신의 위치를 설정하고 형성하지요. 가령, 남성에게 유학이나 해외 파견 근무가 결정이 난다고 합시다. 이때, 아내는 멈추어 서게 됩니다. 남편은 자신의 일을 중심으로 승승장구하고 아이들은 훌쩍 자라 자신들의 자리를 찾아가는데, 일순간 나는 어디에도 속하지 못하고 모든 것이 사라져 버리는 해체의 경험을 하게 되지요.

◖●

나를 알아야
내가 존재한다

여성은 타자를 통해 자신을 구성합니다. 타자의 욕망과 자신을 동일시하거나 타자의 욕망을 충족시키며 자신을 쉽게 위치시킵니다. 내가 나인 줄 모르겠다는 많은 여성들의 호소는 남편의 욕망을 실현하는 대상으로서 자신의 위치를 세우는 데 모든 힘을 쏟아 부었기 때문입니다.

남편의 욕망을 실현하는 대상이라는 뜻은 남편이 엄마를 원할 때 여성은 자신의 욕구와 무관하게 그의 엄마가 되고, 남성이 자신이 투사할 욕망의 산물이 되기를 원할 때 또 그것이 되려는 태도에서 비롯됩니다.

그런 의미에서도 "여성은 존재하지 않는다"라는 명제는 성립됩니다. 좀 더 어려운 말로 대타자가 없이는 존재가 존재로 인식되지 않는다는 뜻입니다. 라깡 정신 분석이 말하듯 '무의식적 사유가 주체화'되지 않는다면 존재는 존재하지 않습니다. 결국 여성의 근본은 '정체성의 부재'라고 귀결이 나지요.

여성이 겪는 정체성의 혼란과 부재는 일생을 두고 여러 가지 현상으로 드러납니다. 그것이 다수의 히스테리 구조를 가진 여성의 고유한 현상이 되기도 하지요. 그녀들의 헌신은 결코 당연하지도, 가볍지도 않습니다. 하지만 남성이 이룬 성취와 과업에 단짝으로 존재했던 여성을 함께 초대해 공유하는 일이 그리 당연해 보이지도 않습니다.

그때 많은 여성들이 상실과 좌절, 분노와 원망을 경험하지요.

여자의 심리코드

억울함을 호소하며 이제라도 자립을 해야겠는데 어디서부터 무엇을 해야 할지 막막하다고 호소합니다.

여성들과 심층 작업을 하다 보면 종종 무언가 착시가 일어나는 듯한 느낌을 받을 때가 있습니다. 이 여성이 호소하는 증상이 정말 여성의 것인지, 아니면 남성의 무의식적 욕망과 그 무의식이 여성을 통해 반사되고 드러나는지 생각하게 됩니다.

히스테리의
다양한 얼굴들

히스테리적 여성들은 자신들의 불안과 불만족에 대한 해답을
타자에게 요구하기를 포기하고 스스로가 생산한 언어를
탐닉하고 향유할 수 있는 지점에까지 가야만 한다.

40대 여성 한희 씨는 남편과의 불화와 그 관계에서 오는 갈등
으로 고통과 분쟁을 반복하다가 이혼을 준비하면서 별거에 들
어갔습니다. 그러다 뜻하지 않은 계기로 남자 친구가 생기게 되
었지요. 남편과 정반대 성향의 남성을 만나 한동안 매우 만족스
러운 상태를 유지했습니다.

남편은 공감이라는 기능이 없는 듯 보였고 미세하고 세세한
감정의 소통이 불가해 한희 씨는 늘 불만족과 허기에 시달렸습
니다. 한희 씨가 조심스럽지만 어렵게 만난 남자 친구는 한희
씨의 모든 말을 열린 마음으로 들어주고 세심했습니다. 이보다

여자의 심리코드

더 좋을 수 없는 인연임을 느끼게 할 정도였으니까요.

한희 씨는 남자 친구와 1년 쯤 만나면서 자신이 남자 친구와 특이한 현상을 반복하고 있음을 깨달았습니다. 별다른 문제가 없었고 이혼 절차도 순조로웠으며 남자 친구와 의사소통에서 부딪히면 언제나 대화로 잘 해결해 큰 갈등이 없었습니다. 그런데, 한희 씨는 이 관계에서 만족하기보다는 남자 친구에게 주기적으로 헤어지자는 말을 하고 남자 친구가 그것에 어떻게 반응하고 자신을 설득하는지를 가늠하고 있었습니다.

결여로 인한
여러 증상들

얼핏 보면 엄청나게 강렬한 사랑을 원하는 듯 보이기도 하고 이혼 중인 남편과의 관계에서 오는 후유증인지 자칫 오인하게 합니다. 한희 씨는 남자 친구가 사랑한다고 표현하거나 헌신적인 태도를 보이면 진짜 그런지 의심했고, 대화로 그 의심이 소거되면 또 다른 의구심을 당겨 왔습니다.

만나면 즐겁고 좋다가도 헤어지고 나면 다음에는 진짜 헤어지자고 말해야겠다는 마음, 도저히 나를 온전히 사랑한다는 '느낌을 가질 수가 없다'는 생각에 사로잡혔지요. 한희 씨가 원하는 것은 무엇이며 욕망하는 것은 무엇이었을까요?

표면적으로 보면 한희 씨가 욕심을 부리는 듯하지만 한희 씨의 진짜 욕망은 사랑의 확인 또는 대상에게서 자신을 발견하는 일치의 황홀감이 아닌 '결핍'입니다.

모든 면에서 좌절스러웠던 남성으로부터 모든 면에서 만족스러운 남성에게로 이동해 왔는데 행복하기보다 이쪽도 저쪽도 한희 씨를 불안하게 하고 불만족하게 했지요. 자신을 즉각적으로 만족시키는 남자 친구를 자꾸 밀어내면서 공간을 띄우고 자신이 알 수 없는 어떤 미지한 부정이 남자에게 있다고 믿고자 하는 소망이었지요.

결여 없이 채워지는 관계가 온전할 듯하지만 완벽한 채움이 오히려 여자를 무력하게 합니다. 한희 씨가 발견하고 싶은 심리는 말 그대로입니다. '진짜 나를 좋아하지는 않음', '저 남자는 다른 마음이 있음'을 확인하는 마음입니다. 무의식의 역설이지요. 역설적이게도 무의식이 쫓는 것은 표면 위, 의식이 믿고 있는 행복이 아니라는 마음입니다. 그녀가 정말 찾고 확인하고 싶은 마음은 '진짜 나를 좋아하지 않음'이니까요.

히스테리 구조에 있는 히스테리증자는 끝없이 결여를 발견하며 결여의 발화를 멈추기를 원하지 않습니다. 또는 끝없이 말하기를 원하며 그 말하기는 불만족과 불평으로 이어지기 쉽습니다. 히스테리증자가 불평을 쏟아내고, 결핍을 말하는 이유는 결핍을 메우기 위해서가 아니라 끝없이 그 결핍과 결여의 요소를 발화하는 행위 자체에 있습니다. 아이러니하게도 결여를 주지 않는 자를 참을 수 없어 하지요. 욕망하게 할 수 없으니까요.

이와 같은 히스테리적 주체인 여성의 무의식적 소망과 무의식적 즐김은 불안을 유발하기에 부족함이 없습니다. 그 알 수 없음에 대한, 무엇을 부정하기 위해 어떤 것을 멈추지 않는 갈망이 의식의 차원에서의 불안으로 되돌아 와 우리를 덮치고 있으니까요. 그래서 끊임없이 쏟아내는 아내의 불평과 불만 또는 걱정을 해결하려는 남편의 시도는 반드시 실패로 돌아갈 수밖에 없습니다.

여성은 어떤 확실성을 찾으려고 필사적 노력을 합니다. 물론 그것은 매번 남편이나 연인을 통해서 이뤄지겠지요. 주로 자신에게 정체성을 부여할 타자를 찾습니다. 또는 무의식의 저 밑에서 이렇게 말합니다.

'너로 정했어, 그러니 네가 나에게 그것을 주어야 해.'

그리고 그와 정답 찾기 게임을 시작합니다. 하지만 게임은 늘 실패로 돌아갑니다. 그는 만족스러운 답을 결코 갖고 있지 않기 때문입니다. 그녀가 부여했으니 그녀가 거두어야 할 과업이 되겠지요.

◖

"한 말씀만
하소서"

근원적인 결여감에 몸부림치는 여성인 우리에게 두 가지 선택권이 있습니다. 스스로를 남근화시키거나 팔루스를 가정한 절대적 대상으로 결여를 메우는 선택입니다. 스스로를 남근화시킨다는 뜻은 능력이나 지위, 역량 등을 개발하고 그것을 가지려는 의지입니다. 부성적 동일시와 동시에 아버지와 경쟁하는 딸이 되는 것이지요.

절대적 대상을 통해 팔루스를 가지려고 할 때 그 대상은 남편이 될 수도 있고 스승이 될 수도 있고 종교 지도자가 될 수도 있습니다. 그래서 여성은 자신을 약자의 위치에 놓고 기름을 부어 줄 대상을 끝없이 갈구합니다.

앞서 언급한대로 여성은 끊임없이 정체성의 문제로 혼란과 고통을 겪습니다. 항상 의존할 팔루스(남근)나 신탁의 언어를 쫓지요. 스스로가 가진 자가 아니라 대상을 통해 간접적으로 정체

여자의 심리코드

성을 보증받고자 하기 때문에 그 정체성을 확인해 줄 절대적 대상에게 무한한 헌신이 가능하지요. 그래서 저는 여성의 희생과 헌신에는 항상 함정과 속임수가 내재한다고 자주 언급합니다. 온전한 희생, 온전한 퍼부음은 스스로의 결여를 타자를 메우는 방식으로 보상하는 행위의 이면이기 때문입니다.

가령, 여성이 검소하고 소박한 생활을 유지하며 온전히 헌신할 때 그것이 가능한 이유 중 하나는 비단 사랑의 차원이 아닙니다. 남편이라는 절대적 팔루스, 남근을 소유하고 소유할 수 있다는 상상적 환상이 강력하게 작동하기 때문입니다.

여성은 남편을 중심으로 아내로서, 엄마로서 자신을 있는 힘껏 소비하고 소진하기를 멈추지 않습니다. 여기서 다수의 남성들, 즉 강박 구조를 가진 사람들은 자신을 중심으로 쏟아부어지는 채워짐과 자기중심적 만족을 이루면서 가족이라는 합이 맞아지지요. 이런 합의 상태에 균열이 생기고 다시 구멍이 출현하는 상태를 견디지 못할 때, 여성은 쇼핑 중독이나 명품 중독 등 가질 수 없는 팔루스를 상징적 물건으로 대체해 끝없이 채워 넣으려는 욕망을 반복하기도 합니다. 하지만 욕망을 채우는 일은 불가능하지요.

"한 말씀만 하소서."

히스테리적 주체인 여자는 집요한 요구와 증상의 길을 완고하게 갑니다. 그것은 분석 임상에서 어렵잖게 만나게 되는 현상입니다. 여자의 요구(소녀들의 집요한 요구)를 포기할 수 있도록 안내하려는 기운만 느껴져도 더욱 집요해져서 꼬리에 꼬리를 물며 무의식적 여자의 요구가 얼마나 타당하고 합당한지를 의식적으로 설득하는 데 에너지를 할애합니다. 물론 그 방법은 결코 옳지 못한 방법이지만 많은 분석가들은 여자의 요구 앞에서 어떤 해답이나 행로, 경로를 제시하도록 또한 요구받습니다.

히스테리 담화에서 그녀들은 끝없이 자신의 결여를 언어의 세례로 메우려는 시도를 합니다. "그럼 저는 어떻게 해야 할까요?"라는 전형적인 언어적 요구가 그것이지요. 해답을 요구하는 말에 분석가나 치료자들은 반드시 답해야 할 것 같습니다.

실제 많은 전문가들은 쉼 없이 전문적 솔루션과 해결책들을 제시하지요. 그래야 전문가들은 자신들의 전문성을 훼손당하지 않으니까요. 하지만 그것은 히스테리증자의 게임에 충실히 반응하는 단계에 그치는 일입니다. 더 이상의 언어적 세례, 언어적 지식이 전문가로부터 얻을 수 없다는 알아차림이 무의식적으로라도 일어나면 그녀는 여러 가지 이유와 핑계를 제시하며 그를 떠날 테니까요.

여자의 심리코드

언어를 요구하지만 결코 만족될 수 없는 언어의 결핍에 시달리는 그녀들은 끝없이 멘토와 스승, 종교 지도자들을 찾습니다. 하지만 온전한 말씀은 존재하지 않습니다. 어떤 말씀, 어떤 이상적인 제안에도 우리를 결코 만족할 수 없으며 그것을 반박하거나 빠져나갈 출구를 찾아내기 때문이지요.

히스테리적 여성들은 자신들의 불안과 불만족에 대한 해답을 타자에게 요구하기를 포기하고 스스로가 언어를 생산하고 그 언어를 탐닉하고 향유할 수 있는 지점에까지 가야만 합니다.

◖●

무엇이 그녀를 불평하게 하나

그렇다면 왜 많은 여성들은 자신들의 남편에게 불만족하고 비난하기를 멈추지 않을까요?

여성들의 서사를 듣다가 문득 왜 여성은 대상인 남편이나 파트너를 왜 끝없이 비난하는지 고민하게 되었습니다. 경제력이 없는 남편은 아내에게 무능하다는 이유로 엄청난 비난과 힐난을 받고, 경제력은 있지만 성격이 안 좋은 남편은 성격 문제로 아내에게 물리고 뜯깁니다.

이와 반대로 남편들은 나가서 아내를 비난하는 경우가 여성에 반해 적은 편입니다. 남편이 아내를 더 사랑해서 나타나는 현상은 아닙니다. 남성들은 타자에게 그만큼의 에너지를 외부로 쓰려고 하지 않기에 아내에 대한 험담을 하지 않을 뿐이지요. 여성이 비난에 강하고 남성이 관대해서가 아니라는 사실입니다. 남성들 사이의 대화는 아내에 대한 디테일한 험담이나 묘사가 아니라 돈, 일, 그냥 여자인 경우가 많지요. 그것도 보편적인 내용을 서로 이야기할 뿐이지 내밀한 이야기를 펼쳐 놓지는 않습니다.

남성의 부족함, 비난받아 마땅한 지점은 여성에게 하나의 알리바이, 당위적 알리바이를 제공하지만 비난의 모티브는 많은 여성들이 비슷한 모습을 보입니다. 히스테리 구조의 여성이 타자를 즐기는 방식이 물고 뜯고 씹는 것이고 그러려면 결함과 모자람을 찾아 내어야만 합니다.

여성이 불안, 결함 등을 재료로 가져와 끝없이 말하고 힐난하는 방식은 타자를 즐기는 부정적 방식의 하나입니다. 비난의 대상을 훼손하고자 함보다 말 자체를 즐기지요. 대놓고 남편 자랑 자식 자랑을 하며 탐닉하는 나르시시적 경향도 있지만 다수의 많은 여성은 불평과 불만의 방식으로 타자를 즐깁니다.

더 나아가 그녀들이 타자를 더 자극적으로 즐기는 불평과 불만, 비난과 힐난은 방식일 뿐이고 이것이 그녀들을 억압하는 성

여자의 심리코드

충동의 출구가 되기에 결코 멈출 수 없지요.

히스테리적 주체들은 절대로 드러내 놓고 직접적으로 성을 즐기지 않고(그건 그녀들이 원하는 여성의 이미지에 반하기에), 오히려 성에 대한 혐오감을 가지기까지 합니다. 하지만 이것이 성 충동이 아니라고 할 수 없습니다. 성 충동이 발화하는 출구는 전혀 예상하지 못한 방향에 나 있기도 하니까요.

아버지라는 존재

아버지가 실제로 존재하지 않아도
어머니의 음성과 언어 속에서
아버지의 기능은 살아날 수 있다.

저에게 어린 시절 아버지는 폭군이었고 무서운 사람이었습니다. 늘 엄마를 힘들게 하고 가족을 불편하게 하는 사람이었습니다. 아버지가 며칠 동안 출장이라도 가면 마음이 편했고, 여고 시절에는 아버지가 죽었으면 하는 생각을 하기도 했습니다. 그런 복잡한 애증이 뒤엉킨 채로 수녀원에 들어가 아버지와 온전히 떨어지면서, 그제야 아버지에게 사회적으로는 존경할 만한 부분들이 있었다는 기억이 소환되기도 했습니다. 멀어지면 모든 것이 희석되고 희석된 추억은 아련한 그리움으로 기억될 수도 있으니까요.

저와 아버지 사이, 분노에 찬 격렬하고 지난한 서사는 차치하고, '아버지의 말'은 저에게 가장 인상적인 기억입니다. 좋은 아버지였는지, 나쁜 아버지였는지와 상관없이 아버지의 말이 저의 욕망 구조를 형성하는 데 커다란 영향을 끼쳤다는 사실을 뒤늦게 알았습니다.

가진 것 없고 물려받은 것도 하나 없이 혼자 외벌이 교사였던 아버지 밑에서 제 가족은 언제나 빠듯하고 여유 없는 생활을 했습니다. 엄청난 인기를 얻은 드라마 〈응답하라 1988〉의 가족이 보여 준 세밀한 장면들은 제 어린 시절의 많은 부분과 일치합니다. 수학 여행비가 없어서 단돈 몇 만원을 빌려야 했던 순간의 묘사는 마치 시간 여행을 하는 기분마저 느끼게 했으니까요.

초등학교 저학년이던 어느 날, 저는 아버지한테 이렇게 물었습니다.

"아빠, 우린 왜 가난해요? 다른 친구들은 아빠가 선생님이면 잘사는 친구들도 많은데 우린 왜 가난해요?"

그때 아버지는 이렇게 말했지요.

"만약 부모에게 물려받은 것이 없는데도 잘사는 교사가 있다면 그건 가짜다. 거짓이야. 허영일 게다."

어렸지만 아버지가 한 말을 금방 납득할 수 있었고, 두 번 다시 가난에 대해서 의구심을 품지 않았습니다. 당시는 학교에서 촌지가 대놓고 성행하던 시절이었지요.

이미 머리가 다자란 여고생 시절에는 친구들과 모여서 촌지를 받는 교사들을 흉볼 때도 부끄러움을 느끼지 않았습니다. 굳이 친구들 앞에서 우리 아버지는 교사이지만 촌지를 받지 않는다는 말을 하지 않아도 그냥 마음이 편했고, 오히려 그 속에서 묘한 자부심을 느끼기도 했습니다.

아버지의 언어는
아이의 세계가 된다

아버지인 남성이 전달하는 언어 중에 자녀를 부끄럽게 만들지 않는 언어는 자녀에게 사회적으로 위축되지 않는 정신적 기반을 만들어 줄 수도 있습니다. 이처럼 언어에는 단순히 말이 아닌 그 사람의 정신과 태도, 욕망이 포함되어 있지요.

그런데 많은 여성들은 자신이 이룬 대단한 성취에도 사회적으로 위축되고 소위 낮은 자존감을 보입니다. 이미 사회적 성취

여자의 심리코드

를 이룬 여성이지만 부끄러운 아버지를 두었다는 생각에 어른다운 어른의 모습을 보이는 타자를 갈망하기도 합니다.

아버지가 부끄럽다는 뜻은 능력이나 재력, 사회적으로 성공한 모습과는 무관합니다. 대단한 사회적 지위를 가진 아버지라도 경박한 언어를 쏟아내는 사람도 많습니다. 청소 노동자라 하더라도 아이에게 당당한 태도와 언어로 전달한다면 그의 자녀들은 어른이 되어서도 아버지를 부끄러워하기보다 자부심으로 삼으니까요.

이토록 아버지의 언어가 중요한데 만약 자신의 눈앞에서 아버지가 다른 사람으로부터 모멸과 경멸을 겪는 장면을 목격한다든지, 어머니가 아버지를 끊임없이 폄하하고 훼손하는 언어로 대한다면, 자녀는 아버지를 잃는 차원에서 끝나지 않습니다. 사회적 정체성을 잃고, 라깡적 언어로 풀자면 상상계에서 상징계로 진입을 방해하고, 스스로 설 자리를 못찾게 합니다. 자녀는 큰 결여감에 시달리게 되지요.

계속 반복하는 말입니다만, 아버지가 실제로 존재하지 않아도 어머니의 음성과 언어 속에서 이런 아버지의 기능은 살아날 수 있습니다.

그러면 부성적 언어를 준 아버지와 어머니 밑에서 우리는 평생을 위축되고 낮은 자존감에 시달리며 살아야 하냐고 질문을 할 수도 있겠습니다. 그렇지 않습니다. 부모에게서 얻지 못한 언어적 정체성은 우리가 성인이 되고 아버지의 기능이 담긴 언어를 스스로 발화하면 충분히 회복될 수 있습니다.

◖●

그럼에도 아버지를
뛰어넘어야 하는 이유

성인이 되고 나이가 40대를 넘긴 중년 남성임에도 아버지의 사회적 얼굴을 자신의 얼굴로 사용하는 사람들이 존재합니다. 자존감 높은 아버지 밑에서 남자아이가 자존감 높게 자랐을지라도, 그 아버지를 넘어서는 자신만의 언어를 창안하지 못하면 나이가 아무리 들어도 아빠를 내세우는 소년에 불과합니다.

자식의 언어는 부모의 언어를 토대로 영향을 받는 것은 분명하지만, 우리는 그것마저도 넘어서는 자신만의 언어를 만들어내야 하지요. 그러기 위해서 다시 나 자신으로 돌아가야 하고 내가 나를 싫어하지 않을 수 있는 지점까지 가야 합니다. 내 속에 빼곡한 비난과 판단의 언어들, 가치를 매기는 세속의 언어들로부터 나라는 존재를 받아들이는 언어를 스스로 발화할 수 있어야 합니다.

쪼그라진 아버지를 두어서 열등감과 수치심에 시달렸던 사람들 중에도 그러한 아버지의 기능을 스스로 복원하며 단단한 사회인으로 자리하는 사람들도 적지 않게 존재합니다. 그렇게 하는 것은 무엇보다 누구로부터가 아닌 내가 나를 사랑하는 일이기도 합니다.

타자 없이는
나도 없다?

타자를 인식하는 나의 구조와
나 사이의 간극과 균열을 이해하지 못 한다면
타자와의 관계에서 고통 이상을 경험할 수밖에 없다.

어린 소녀는 소년과 동일하게 애초에 어머니를 절대적, 성적 대상으로 놓으며 소유하려고 합니다. 어머니를 향한 소유는 소년과 소녀의 구분이 따로 없지요. 이때 벌어지는 유아의 나르시시즘적 환상, 즉 전능성에 대한 환상은 조금씩 성장하면서 좌절을 경험하며 깨지기 시작합니다.

장 다비드 나지오는 "온전성에 대한 박탈은 여자아이에게는 고통으로 남자아이에게는 불안이 된다"라고 말합니다. 이 불안은 남성들이 자신의 능력과 기능적 부분에 더 몰입하는 이유이고, 여성들이 결여를 메우기 위해 '채움'을 집요하게 붙드는 이유

여자의 심리코드

이기도 하지요. 특히 어린 소녀가 전능성에 대해 느끼는 박탈감은 지금까지 누려왔던 환상 안에서 더 이상 만족되지 않습니다. 중요한 점은 타자에게 있다고 믿는 태도에 있지요.

소녀들은 타자가 자신에게 무엇을 원하는지 끊임없이 물으며 그 자리에 가 있으려고 합니다. '욕망의 원인' 또는 '대상'이 되려고 하지요. 어머니가 무엇을 원하는지, 아버지가 무엇을 원하는지, 상대를 끝없이 탐색하며 어떤 존재가 되려고 합니다. 집요한 타자에 대한 욕망, 타자를 지배하고자 하는 소녀의 욕망은 발화되고, 때로는 과도한 집착이 일어나기도 합니다.

소녀들은 그렇게 타자의 만족을 위해 자신을 바쳐 공부도 하고 헌신도 하지만 타자의 시선 안으로 온전히 들어가지 못하는 좌절을 겪습니다. 원망과 원한으로 고집스러운 히스테리적 고통을 반복하지요. 스스로를 약자의 위치에 놓고 약자 편에 서서 약자와 함께 싸우고 그들과 더불어 살아가고자 하는 이상적 자아를 꿈꾸기도 하지만 실제 그녀들의 이면은 힘을 포기하지 못하는 욕망이 도사리고 있습니다.

약자를 위해 움직이는 자신은 실제로 팔루스적 언어나 지식을 가진 자가 되어 그들의 필요로서, 대상으로서 존재하려는 욕망을 멈추지 못합니다. 타자, 곧 약자의 결여에 절대적인 위치에서 자신들이 그 결여의 대상이 되려고 하지요. 그것이 아니라

면 유능한 대상을 따르며 그를 소유하거나 그에게 의존하는 길
을 고집합니다.

> 네 모습은 헛되이 나와 만나니 내 안으로 들어오지 못하네.
> 여기서 나는 네 모습을 비출 뿐
> 네가 나를 향해 돌아선다고 해도 내 응시의 벽에서
> 네가 찾을 수 있는 것은 오직 네가 꿈꾸던 너 자신의 그림자.
>
> - 아라공의 시 〈엘자에 미친 남자〉 중에서

'나는 절대적 약자'라는 관념은 관념을 넘어 욕망에 가깝습니다. 이 관념은 반드시 타자가 존재해야 하고 타자를 통해 나를 다시 만나야 하기 때문이지요. 타자는 사회적 관계를 비롯해 남자 친구나 배우자가 반드시 있어야 한다고 믿는 여성에게 없어서는 안 될 존재입니다.

그녀들은 상대방이 아니라 타자의 눈을 통한 자기 자신과 만나기를 포기하고 싶지 않은 것입니다. 그녀들은 오직 타자를 통해 존재하는, 그 속에 있는 자기 자신과 내가 싫지 않은 느낌으로 나 자신과 접촉할 수 있기 때문이지요.

여자의 심리코드

사랑에
빠지려는 욕망

여러 번의 결혼을 반복하는 여성들이 혼자 설 수 없는 나약함 때문에 의존적이라 여겨지지만 의존이 나약함과 반드시 일치하지는 않습니다. 내가 나를 인식하는 여자로서의 상상계적 이미지에 갇혀 나를 보호하거나 채워 줄 타자를 찾기에 매몰되어 있을 뿐입니다.

여러 번의 결혼을 반복하는 동안 그녀에게 아이가 있었다면 그 과정에서 벌어지는 엄청난 혼란과 파국은 아이들 몫이 되기 쉽습니다. 절대적인 타자를 추구하는 그녀들의 집념은 새 남편이 내 아이들을 정서적으로 학대하는 상황에서도 아이를 보호하기보다 그 남성이 떠나지 않도록 아이들을 억압하고 통제하는 데 더 힘을 기울입니다.

여성이 사랑에 빠지는 특징 중 커다란 두 가지 특징이 있습니다. 하나는 자아 동질적 요소를 느낄 때이지요. 자신을 한없이 나약하다고 보는 여성이 유난히 약자에게 사랑을 느끼는 측면과 내가 갖지 않은 면을 가지고 있다고 생각(환상)되는 대상에게 매료되는 소유의 측면이 있습니다. 전자는 나르시시스적 만족에서 더 나아가 여성을 약자를 향해 투신하는 투사로까지 만들 수도 있습니다. 후자는 갖기 위한 헌신과 통제의 욕망에 자신을 바치게 되겠지요.

지선 씨의 어머니는 세 번의 결혼을 하는 동안 세 명의 자녀를 두었습니다. 지선 씨는 바로 아래 여동생하고 같은 아버지를 두고, 막내 여동생은 아버지가 달랐습니다. 지선 씨의 어머니는 세 명의 남성들과 함께 생활하기 위해 지선 씨와 여동생을 수시로 다른 사람에게 맡겼습니다. 친아버지에게도 보냈다가 외할머니에게도 맡겨졌다가 새아버지가 받아 주면 자신의 곁에 두었다가를 반복했습니다. 그러는 동안 지선 씨의 적응력과 생존력은 누구보다 강해졌습니다. 그 정도의 환경이라면 어머니를 증오할 법도 한데 지선 씨는 오히려 어머니에 대한 애틋함이 절절했지요. 그러다 지선 씨는 20대 중반부터 터져 나오는 통제 불능한 분노 때문에 고통을 겪고 있었습니다.

지선 씨의 어머니가 어머니로서의 역할과 자녀에 대한 보호를 소홀히 여긴 점은 여기서는 논외로 하겠습니다. 그녀가 세 명이 아닌 더 많은 남성을 남편으로 받아들인다고 해도 그것은 비난받을 하등의 이유가 없습니다. 그녀가 하지 않은 가장 큰 무책임은 자녀 양육이 아니라 그녀 스스로 어떤 방식으로 자신

여자의 심리코드

을 내몰고 어떤 방식으로 나약함을 고집하며 여성성을 유지하려고 했는지를 고민하지 않은 데 있습니다.

자녀를 낳았다고 해서 모두가 어머니가 될 수는 없습니다. 꼭 되어야 하는 것도 아니라고 생각합니다. 자녀들과 떨어져 오직 자신의 삶만 충실하더라도 그것이 자녀에게 반드시 상처로 돌아가지도 않기 때문이지요. 여성 자신이 어떤 방식으로 스스로의 삶을 대하느냐가 중요합니다. 아무리 좋은 엄마 역할에 일생을 다한다고 해도 그것이 자식을 위한 온전한 희생이 될 수는 없기 때문이지요.

놓아야 할 사람은 타인이 아니다

고독의 차원으로 들어가 내가 나 자신과 홀로 있기를 받아들이는 일은 결코 유쾌하지 않은 자기 자신과의 독대와 접촉을 수용한다는 말입니다. 이는 나르시시스적 자아도취에서 세계를 밀어내고 홀로됨을 고집한다는 말은 아닙니다. 타자를 포기하지 못함은 결국 나를 포기하지 못한다는 말이 되겠지요.

나를 포기하지 못한다는 말은 상상계적 내가 상징계로 진입하기를 거부한다는 말이기도 합니다. 상상계에서는 분리되지 않는 엄청난 고통과 뒤엉킴, 온갖 원망과 역겨움이 난무하지만 그만큼의 융합의 희열과 쾌락이 존재하기 때문입니다.

일반 심리학에서는 내부의 자아가 외부에서 자기 이미지를 인식하지만 라깡의 정신 분석은 외부의 이미지를 자아로 파악한다고 봅니다. 말하자면 외부 타자가 비추는 이미지 없이는 개인이 자아를 인식할 수 없다는 말이 되겠지요.

자아라는 이미지는 외부의 이미지를 바탕으로 하기에 근본적 소외가 일어난다고 봅니다. 외부의 이미지에 의존하고 그것이 없으면 내가 사라진다고 느끼기 때문이지요. 자아는 그렇게 외부의 이미지와 연합하고 외부에서 부여한 언어들로 형성된 상상계적 산물입니다. 자아를 강화하면 강해진다는 말이 아니라 자아가 강할수록 공허하고 텅 빈다는 말입니다.

앞서 말했는데 간혹 저의 이런 논의를 마치 타자를 전면 부정하고 오직 홀로 우뚝 서야 한다는 주장으로 오인하는 사람들도 있는 듯합니다. 부정한다고 그것이 가능한 것도 아니지요. 타자를 부정하거나 배제하고 무조건 홀로서기를 해야 한다는 것도 하나의 망상에 불과합니다.

타자를 인식하는 나의 구조와 우리가 타자로 바라보는 대상과 나 사이의 간극과 균열을 이해하지 못 한다면 언제까지고 반

여자의 심리코드

복되는 타자와의 관계에서 고통 이상을 경험하기는 어렵습니다. 스스로 애써 고민하고 자신을 바라보지 않을 때도 마찬가지입니다. 그리고 좀 홀로이면 어떻습니까. 혼자되는 것에 대한 과도한 공포는 찬찬히 들여다보고 작업해야 할 내 삶의 과제이지, 공포가 되어 나와 내 주변을 온통 혼란으로 몰고 갈 수는 없습니다.

지금은
상실의 시대

우리는 공허와 헛헛함이
즉각적으로 만족되지 않으면 다른 곳으로 시선을 돌려
마음속 구멍을 메우는 신을 만들어 낸다.

"어린아이들이 느끼는 슬픔, 즉 그들의 모성적 천국에 대한 포기
와 욕구의 즉각적인 만족에 대한 단념을 관찰해 보았다. 내가 발언
할 수 있기 위해서는 내가 어머니를 포기해야 하고 또 어머니가 나
를 버려야 한다."

-줄리아 크리스테바

유아가 언어를 받아들이고 언어생활을 시작하면서 '상실'은
시작됩니다. 상실이 시작된다는 뜻은 아담과 이브가 낙원에서
알몸으로 뛰어다니던 원초적 쾌락의 상태를 잃게 되는 상태와

여자의 심리코드

같습니다.

실낙원에서 부끄러움을 알게 되고 많은 장치와 제한, 한계, 질서와 법이 생겨납니다. 크리스테바의 말대로 모성적 쾌락의 천국에서 부성적 세계로 들어가는 단계이지요. 그렇게 상실은 우리의 출발과 함께 시작됩니다. 모성의 쾌락의 상실과 쾌락에 대한 포기가 우리를 소위 '정상'이라고 말할 수 있는 인간의 상태로 만들어 줍니다. 그렇게 상실로부터 출발한 우리가 어떤 방식으로 상실을 보상하고 상쇄하려는지 또는 은폐하거나 회피하는지에 따라 성격 또는 욕망의 구조가 달라지기도 하고 여러 가지 증상들이 출현하기도 합니다.

상실을 찾아 헤매는 여자들

요즘 조회 수가 높은 유튜브의 제목을 보면 '우울에서 벗어나는 법', '자존감 높이는 방법' 등 수많은 해결책이 우리를 유혹합니다. 명쾌한 답을 내려 주지 않는 전문가를 향해 부정적인 피드백이 이어지고 속 시원한 해답을 제시하는 듯한 말에는 열광하기도 합니다. 지시적이고 권력적인 언어를 가진 영적 지도자는 국민 멘토가 되기에 부족함이 없습니다. 분명하고 명쾌한 언어는 곧 전문가의 역량과 전문성의 정도를 가늠하는 척도로 보이기까지 하지요.

이러한 사회 현상을 지켜보면서 의문이 들었습니다.

'사람들은 정말로 전문가들이 필요해서 열광하는 것일까? 정말로 그들을 믿어서 모여드는 것일까? 그렇다면 정말 그들의 말을 믿고 그들의 지침을 따른다면 이미 대다수의 사람들은 행복해져 있어야 하는 것이 아닐까? 그럼에도 왜 사람들은 끝없이 권위자의 입에서 나오는 말을 기다리고 그 언어 세례를 원할까? 왜 사람들은 더 많은 불행을 호소할까….'

저도 "좀 더 명쾌한 답을 알려 주세요, 좀 더 분명한 방침을 주세요"라는 요청을 많이 받습니다. 물론 그 요청이 단순히 답을 알기 위한 요구만이 아님을 압니다. 언어를 기다리고 언어를 찾아 헤매는 것은 히스테리적 주체들의 전유물이기도 하거니와 이 주체들의 욕망은 실제 답을 얻기 위함이 아니라 언어(남근)를 요구하는 것 자체에 있으니까요. 그리고 그 언어를 요구할 대상을 쫓는 것이 그들 또는 우리의 욕망이니까요.

전문가들은 답을 가지고 있을까요? 더 나아가 전문가들은 그 많은 문제들로부터 자유로울까요? 단언컨대 그렇지 않습니다.

여자의 심리코드

자신만의 답을 얻은 사람도 있겠지만 오로지 그 사람의 답일 뿐입니다.

《딸은 엄마의 감정을 먹고 자란다》를 쓴 이후 많은 독자들이 양육에 대한 상담을 요청하기도 했습니다. 그런데 저 역시 엄마와 딸의 무수한 감정적 분쟁과 애증에서 결코 자유롭지 않습니다. 지극히 히스테리적 주체인 제 딸아이 역시 무수한 불평과 불만을 엄마를 향해 토로하기를 멈추지 않습니다.

중요한 것은 해답을 가지고 있느냐가 아니라 문제를 바라보고 대하는 태도에 있다는 생각이 듭니다. 끊임없는 좌절과 부딪힘에도 포기하지 않고 심리적 거리, 혈연의 인접성으로부터 거리를 두려는 노력과 예측할 수 없는 결과를 받아들이려는 태도가 전부입니다. 왜냐하면 우리는 이성과 의식의 차원을 넘어서는 충동과 욕망의 존재이기 때문입니다. 어떤 합리적인 사유에도 그것을 기능하지 못하게 하는 충동에 대해 주의를 기울여, 물길을 억압과 통제가 아닌 곳으로 어떻게 내어야 할지 고민하게 하니까요. 이 고민은 우리로 하여금 새로운 길을 열어 주기 때문이지요.

니체의 말처럼 절대적 하나의 신은 죽었지만 그 대신 지극히 무수한 신이 생겨났습니다. 과거에는 유일신을 믿는 자들에게는 오직 하나의 신에게서 나오는 말씀이 절대적이었지만 현대에는 무수한 신이 생겨나고 그 신의 자리에 세상의 이미지들이 들어 앉았습니다.

아름다운 외모, 골프, 가방, 자동차, 돈, 권력, 그리고 부유하는 무수한 이미지가 가득합니다. 우리가 자기 자신으로 돌아와 느끼는 공허와 헛헛함을 그 신들이 메우고 있지요. 즉각적으로 만족되지 않으면 즉각적으로 다른 곳으로 시선을 돌려 마음속 구멍을 메우는 신을 만들어 냅니다.

상실을 견디는
좋은 방법

여성이 겪는 근원적 상실감 또는 확신에 찬 결여는 목적성이 없기에 근원적입니다. 이 근원적 결여에 확신이 찬 여성일수록 결여를 극복하기 위한 대체와 수단으로 대상, 타인, 무엇보다 '아이'에게 매달리게 되지요. 이것을 확신이라 말할 수 있는 이유는 그녀들이 대상을 바라보는 태도가 하나의 증거입니다. 아이의 상처와 불안, 증상을 복원하고자 온 에너지(리비도)와 시선을 아이에게 몰입합니다. 달리 말해 자신의 근원적 상실을 받아들이지 않는 그녀들의 확신에 찬 모성에서 발견할 수 있습니다.

여자의 심리코드

제발 도와 달라고, 살려 달라고까지 호소하는 그녀들에게 정신 차리라고 아무리 말해도 결코 자신들의 확신을 버리거나 포기 하려 들지 않습니다.

상실을 견디는 좋은 방법이 있을까요? 이미 일어난 상실을 받 아들이지 못하는 이유는 집요한 어린아이의 욕망 때문입니다. 그 아이에게 휘둘리기를 멈추지 못해서 벌어지지요. 상실을 견 디는 가장 좋은 방식은 상실을 받아들이기 위해 자포자기 상태 가 되는 것입니다. 아름답게 승화하여 어떤 좋은 방식이 있다는 보장은 없습니다.

내가 불행하지 않다고 보여 주기 위해, 스스로 증명하기 위해 애써 행복한 상태를 전시하거나 알리기를 멈추지 않는 문화는 더 강력해지고 있습니다. 아이러니하게도 정말 삶에 만족을 느 끼거나 행복이라고 하는 상태를 경험하는 사람들은 오히려 행 복을 드러내거나 노출하기를 그다지 즐기지 않는 듯 보입니다. 굳이 그래야 할 이유를 느끼지 못하기도 하지만 더 깊게는 노출 로 인해 방해받거나 훼손되고 싶지 않기 때문이기도 합니다.

'아씨시의 성자'라고 불리는 프란체스코 성인은 이런 말을 했 습니다.

"귀한 것을 갖고 있으면 그것을 비밀로 잘 간직하는 사람이 복되다."

이 말을 다시 정신 분석적으로 풀면 자신만의 쾌락을 획득하거나 터득한 사람은 그것을 밖으로 노출시켜 자랑하거나 떠벌리지 않는다는 뜻입니다.

사람은 내가 가지지 못한 쾌락을 즐기는 타자를 시기합니다. 시기심은 그것을 훼손하는 데까지 이릅니다. 보통 시기심에는 여러 가지 알리바이가 따라붙습니다. 정의의 이름으로, 도덕의 이름으로 어떤 것을 훼손하고 저지하려고 합니다.

그렇게 사사건건 타자들의 쾌락에 에너지를 소모하며 참견하려는 시선이 사방에 가득하지요. "~답지 못하다", "옳다, 그르다"로 참견하는 시선을 향해 줄리아 크리스테바의 말을 인용해 한마디 하고 싶습니다.

"사고, 사유할 수 있기 위해서 반드시 먼저 어머니를 상실해야 한다."

줄리아 크리스테바의 격언은 일차적 만족의 쾌락을 먼저 포기(당)하고 강력한 리비도적 동일시에서 단절된 경험, 즉 제대로

여자의 심리코드

상실해야 사유할 수 있는 주체가 된다는 말입니다.

상실은 근원적 어머니와의 일차원적 쾌락의 포기에 다름 아닙니다. 엄마 젖에서 떨어져 나온 우리가 이미 성인이 되고 많이 포기하고 살아가는 듯하지만 심리적 현실과 충동의 현실은 그렇지 못합니다. 가장 일차원적인 충동과 만족의 포기 앞에서 일어나는 고통과 상실감을 직면해야 하는 이유이기도 합니다. 그렇지 않고서는 어떤 자신만의 시간과 세계가 존재할 수 없습니다.

답이 없는 질문을 포기하지 않는 것, 그리고 답이 없는 질문에 대한 사유를 끝까지 이어나가는 자신과의 싸움을 하는 것, 그럼으로써 오직 자신으로 돌아가는 방법을 찾아야 합니다. 집중과 멈춤 없는 사유 속에서 비로서 자신만의 답을 얻을 수 있습니다.

선함
그 너머

많은 종교적 가르침은 우리를 선함으로 인도합니다. 무수한 종교 지도자들은 진리를 말하는 듯 싶지만 정작 '답정너'의 가르침을 말하지요. 진리 안에서 우리를 자유롭게 하리라고 많은 종교 지도자들과 멘토들이 설파하지만, 정작 권위자 또는 어른 말 잘 듣는 착한 아들딸을 만들기에 다름 아닙니다. 그들을 따르는 우리들은 착한 자녀가 되지 못하는 죄책감에 늘 몸부림치며 눈물로 착한 자녀로서 삶을 살기 위해 매일처럼 회개와 반성을 통렬히 합니다. 더 착한 자녀가 되어 예수의, 부처의 삶을 따르겠다고요.

그런데, 정작 예수는 그 시대 위정자들이나 율법학자들의 입장에서는 악인이었습니다. 회랑을 뒤집고 법을 초과하는 행위를 서슴없이 했으니까요. 그런 예수를 따르는 현대의 종교인들이 누구보다 보수적인 태도로 믿는 사람들을 가부장 아래, 지도자 아래 착한 자녀로 만들려는 태도를 보입니다. 매우 아이러니한 역설이지요.

신이 있다면 정말 착한 자녀로, 착한 종으로 말 잘 듣는 삶을 살기를 바랬을까 하는 의문이 들지 않을 수 없습니다. 그러면 주인과 노예의 변증법에 갇혀 살아가는 하인이나 자녀들은 착취를 당하거나 가스라이팅을 당하면서 살아가야만 할까요? 그렇지 않습니다.

많은 여성들은 그렇게 남근과 신탁으로 대표되는 말씀의 전파자들에게 강력히 소속되어지는 만족을, 늘 부족한 죄인으로서 스스로를 벌하고 탓하고 질책하는 진정한 마조히스트로서의 쾌락을 은밀히 누리며 그들과 공모 관계에 있습니다.

◖●

정답은 정답이 없는 상태를 견디는 것

저는 착한 성격을 믿지 않습니다. 선이 선으로 끝난다면 좋겠지만 그렇지 않지요. 착한 성격과 부드러움 이면에는 우회적인 자기 희열과 욕망의 충족 등 궁극적인 자기 만족에 이르는 무수한 메커니즘만이 존재하기 때문입니다. 일방적으로 못되고 나쁜 사람이 있다고도 믿지 않습니다. 사이코패스가 아닌 일반적으로 이기적이고 못된 사람으로 인식되어지는 경우에도 단순히 드러나는 모습이 전부가 아닌 경우가 대부분이기 때문입니다.

오히려 섣부른 '착함'에 사로잡힌 우리는 어떤 테두리 안에 갇혀 멀리 나아가지 못합니다. 차라리 악해져야 합니다. 제대로 악해지지 않으면 멀리 나아갈 수 없지요. 여기서 악은 범죄가 아니라 '끝없는 도발'을 말합니다. 어떻게 해야 우리는 이제까지 하지 않았던 선택, 지금까지와는 다른 방식의 선택을 과연 과감하게 할 수 있을까요.

그동안 하지 않았던 선택과 다른 방식을 선택한다면, 그 선택에는 언제나 대가가 따를 것입니다. 다른 사람들의 평가, 눈초리가 뒤따르겠지요. 가령 주변을 챙기고 언제나 베풀기만 하며 사랑을 받아 왔던 사람이 오직 자신에게만 집중하며 다른 이들을 밀어 낸다면 온갖 비난과 질책, 따가운 시선 아래 놓일 수 있겠지요.

내가 어떻게 보일지를 몰라 전전긍긍하며 새로운 선택과 더 나아가는 선택에서 발목이 잡히고는 합니다. 이들의 변은 그래도 조화로운 세상을 만들기 위해, 조화로운 관계가 인간이 나아가야 할 방향이라고 믿으며 대타자의 명령에서 빠져나가기를 주저하는 일, 그 이상은 아닙니다.

나의 다른 선택에 의한 타자와 세상의 날카롭고 따가운 시선으로부터 자신만의 지대를 구축하는 일에 그치지 않고, 그들의 몰이해와 비난으로부터 오는 고독과 고통을 즐기는 차원으로까지 나아간다면, 지금까지 가보지 못했던 어떤 절정의 지점으로 더 접근해 나아갈 수 있습니다. 그러기에 누구나 갈 수 있고 누구나 할 수 있는 선택임에도 누구나 가는 길이 아니고 누구나 하는 선택은 분명 아니겠지요.

여자의 심리코드

그럼에도 답이 없는 상태를 견디는 것, 모호함을 대하는 태도를 지니고 포기하지 않고, 사유를 끝까지 이어나가는 의지가 우리 삶의 질과 차원을 결정합니다.

갖고 싶거나
버리고 싶거나

3장

여자의 심리코드 2.
욕망

욕망하면서
상처받는 이유

우리를 괴롭히는 모든 고통이나 증상들이
부모나 누군가로부터 받은 상처에서 기인한다고 생각하면
매우 피학적 관점일 뿐이다.

정신 분석을 삶의 중심에 놓고 지극히 중요하게 여기는 한 여성이 있습니다. 그녀는 이상하게도 분석을 받으러 오는 날이 되면 꼭 사건 사고가 발생한다고 합니다. 아이들이 아프거나 갑자기 주변의 중요한 사람의 상태가 너무 나빠 보여 차마 자신의 분석을 진행할 수 없고, 그들에게 달려가야 할 절대적 명분이 나타났습니다.

그러고는 다음 시간 만남에서 상담자에게 미안함에 몸 둘 바를 몰라 하며 상담자가 꾸중하기를 기다리는 모습으로 앉아 있지요. 정말로 미안하다면 그런 일이 반복되지 않아야 하지만 그녀는 그런 패턴이 자꾸 반복됩니다. 그녀 스스로 점점 상담자가 자신에게 진짜 화가 나서 자신을 미워하리라는 생각에 사로잡히고, 그녀는 위축되고 주눅든 모습으로 결국 상담자가 화나도록 이끌어 냅니다. 그녀가 성공한 것이지요.

그녀가 여기서 취하는 마조히즘적 만족은 첫 번째로 스스로 중요한 스케줄, 곧 자기 자신을 매우 홀대하는 방식으로 얻는 만족과 두 번째는 주요한 위치에 있는 권위자 또는 권력자(언어 권력 포함)를 좌절시키는 수동 공격적인 만족이 또 하나가 있습니다.

마지막으로 상대방이 결국 참지 못하고 화를 내어 자신을 핍박하거나 나무라도록, 사디스트의 자리로 가도록 초대하고, 자신은 온 존재가 쪼그라드는 핍박의 상태에 놓이는 마조히즘적 만족이 그것입니다.

◖◗

충분한 사랑과
그렇지 못한 고통

마조히즘적 쾌락이나 고통의 상태를 반복하는 여성들은 그것이 마조히즘적이라는 사실을 자각하기보다는 단순히 '내가 피해의식이 너무 많은가?'라는 생각을 더 쉽게 하는 듯 보입니다.

그러나 피해의식과 마조히즘적 상태는 분명히 다르지요. 자신이나 타자들로부터 피해의식이 있다는 말을 듣거나 생각할 때 그 피해의식은 유년 시절이나 과거의 어떤 상처로부터 기인한다고 생각하기 쉽습니다. 하지만 꼭 그렇지 않습니다.

우리를 괴롭히는 모든 고통이나 증상들이 부모나 누군가로부터 받은 상처에서 기인한다고 생각하면 매우 피학적 관점일 뿐입니다. 충분한 사랑과 돌봄을 받았어도 어린 여자아이가 어머니와 경쟁하면서 자신이 가진 나약한 위치에 대한 좌절과 아버지로부터 충분한 시선을 받았다고 주관적으로 느끼지 않았던 경우에, 피학적 경향이 더 강력해집니다.

그럴 때 여자아이들은 자신이 약자라고 강력하게 인식하기 쉽습니다. 실제 약자이기도 하지요. 어린아이들이 똑같이 약자임에도 여자아이와 남자아이가 자신을 위치시키는 포지션이 다소 다른 이유는 아이들이 언어를 받아들이면서 '젠더gender'가 형성되기 때문입니다.

생물학적 성별에 의해 남녀의 차이가 생성되는 듯 보이지만, 아이들이 성별을 받아들이는 현상을 보면 젠더를 어떻게 내재화하느냐에 따라 자신을 위치시키는 장소가 다릅니다. 물론 여성임을 받아들이는 아이가 무조건 피학적으로 되지는 않습니다. 구조적으로 여자아이가 아버지와 어머니를 둘러싸고 자신의 위치를 놓고 어머니와 갈등을 벌이는 경쟁은 이미 초등학교 이전 아주 어린 시기부터 시작됩니다.

어머니가 아닌 아버지(남성적 역할)와 동일시하는 여자아이들도 많이 있습니다. 이런 경우 아이들은 스스로 약자라고 느끼기보다는 엄마를 보호하려거나 남자아이들을 이기기 위한 경쟁에 더 몰입하는 경향을 보이지요. 좀 더 복잡하게는 여자아이가 구조적으로는 여성적 위치를 받아들이면서도 남성성과 동일시, 동맹을 맺을 때 표면적으로는 남자아이처럼 굴지만, 여성성이 억압된다고 느끼며 일종의 피해의식을 보이기도 합니다.

소영 씨는 살면서 가정에서 충분한 지원과 애정을 받았다고 생각하는데, 관계 안에서 반복되는 갈등으로 고통스러워 했습니다. 항상 어느 지점이 되면 폭발이 일어나고 그럴 때마다 "너는 왜 그렇게 피해의식에 젖어 있느냐"는 말을 듣습니다. 아무리 과거를 뒤지고 탐색해 봐도 크게 상처가 될 만한 사건이나 외상이 없었음에도 일정 시점이 되면 감정이 폭발하는 자신이 이해되지 않아 괴로웠습니다.

소영 씨는 많은 사랑을 받았지만 매우 가부장적인 사고를 가진 어머니의 언어와 밀접했습니다. 혼전 순결을 강조한다든지, 여성의 성적 순결이 남성에게 무기가 될 수 있다는 등의 이야기

여자의 심리코드

를 수없이 듣고 자라며 조금이라도 흠이 생기면 스스로 부적절한 사람으로 느끼게 되었습니다. 그에 더해 아버지가 어머니를 무척 좋아하고 원하는 사이 좋은 모습이 안전함으로 다가오기보다, 엄마보다 자신이 더 못났다는 열등감으로 작동했습니다.

아버지가 어린 소영 씨를 예뻐하고 사랑스러워 해도 그것과 직접 접촉하며 아버지의 사랑을 느끼지 않고, 엄마와 자신을 놓고 비교하며 항상 좌절하는 쪽을 선택해 나갔습니다.

소영 씨는 성인이 되어 나이가 더 들기 전에 결혼하지 못하면 치명적인 결함으로 정상적인 인간이 되지 못한다는 두려움까지 갖게 되었습니다. 이런 의식에 사로잡힌 소영 씨는 가까운 가족이나 친구들과의 관계에서 위축된 상태를 유지하며 여러 증거를 기다리는 듯한 상태를 반복합니다.

자신이 기다리던 표현, 태도가 보이면 즉각적으로 수집하며 하나의 퍼즐을 맞추어 갔습니다. 그것이 주관적인 정점에 이르면 '거 봐, 이럴 줄 알았어, 나를 무시하는 거야'라고 확신하며 감정이 뒤따라 폭발했지요. 이는 그녀가 겪은 어린 시절 상처 때문이 아니라 여자아이에게 주어졌던 언어와 관념들 안에서 아이가 스스로를 어떻게 위치시키고 조직했느냐의 결과로 보는 편이 더 적합해 보입니다.

정말
피해자일까

정서적인 외상이 특별히 없으면 무난하다는 착각은 일반화된 심리 지식이 만들어 낸 현상입니다. 우리는 결코 외연의 현상만 놓고서는 구조를 알아차리기 어렵습니다. 어떤 쾌락을 유지하고 있는지를 발견하지 못하면 피해의식이 아님에도 피해의식에 젖어 있다고 스스로 질책하고 더 나아가 그 피해의식을 갖게 한 범인(부모나 과거)을 찾아 헤매는 데 생을 소비하게 합니다. 억지로 찾아낸 증거를 다시 부모나 가까운 주변인을 원망하고 공격하는 데 재료로 사용합니다.

소영 씨는 어린 시절 자신을 약자로 느끼며 억울하고 슬픈 상태를 반복하기를 멈추지 않았습니다. 체화된 구조가 욕망의 단계로 넘어간 상태이지요. 욕망은 멈춤이 없는 반복과 운동성이기에 그녀는 자신의 피학적 위치를 확인하기 위한 반복을 멈추지 못했습니다. 그것을 멈추지 않기 위해서는 반드시 자신을 공격하거나 무시하는 타자가 필요하고 그 증거 수집이 정교하게 퍼즐을 맞추듯 일어나야 하지요.

어머니, 아버지가 매우 폭력적이거나 극단적인 경향을 보이는 환경에서 자란 자녀 중, 필연적으로 피학적이거나 가학적 구조에 사로잡히는 경우는 많습니다.

부모의 폭언과 폭력은 그들의 리비도적 에너지의 발화가 말과 폭력으로 모이고 그것에 과도하게 노출된 아이들은 자신들도 알 수 없는 에너지에 압도됩니다. 그리고 스스로 알 수 없는 미지한 그 자극에 이끌려 들어가기도 하고 부모로부터 압도해 오는 에너지를 회피하기 위해, 지나치게 스스로에게 엄격한 생활을 요구하기도 합니다. 결국 짓지도 않은 죄책감과 처벌로 자신을 얼룩지게 만들고 더 자연스러운 욕구를 억압하는 악순환에 갇힐 뿐이지요.

아무것도
하지 싶지 않음

우리의 무의식과 언어는 중층결정 되어 있으며
여러 층위로 복잡하게 얽혀 있다.

"아무것도 하고 싶지 않아요."

무기력이나 나아가지 못함에 대한 또 하나의 접근이 있을 수 있습니다. 스스로 자존감의 문제로 어떤 시도나 성취를 두려워한다고 생각하는 사람들이 있지요. 가령 배우자가 경제적 활동을 전적으로 하고, 자신이 주부로 생활하면서 아이를 돌보고 자신을 가꾸는 일에 매진하면서도 늘 죄책감에 시달리는 사람이 그렇습니다. 그녀에게는 더 생산적인 일을 하지 못하는 자신을 타박하고 질책하는 목소리가 따라다닙니다.

여자의 심리코드

그녀들은 역량이 없거나 무능력해서 사회활동을 하지 못하고 무직 상태로 있다고 생각하는 경우가 많습니다. 무의식의 상태를 잘 살펴보면 그렇게 단순한 자존감 문제로 귀결할 수 없는데 말이지요. 실제 많은 여성들이 역량과 자원이 풍부하지만 세상 속으로 뛰어드는 일이 못내 두렵고, 자존감이 낮아서 그렇다고 자책하면서 꼼짝 못합니다.

주변에서는 충분한 자원 또는 그런 능력을 갖고 아무것도 하지 않으면 아까우니 스스로를 믿고 어떤 일이든 시도해 보라고 지지하지요. 심지어 상담자나 치료자들도 그렇게 말합니다. 당신은 충분히 괜찮으니 시도해 보라고 말이지요. 그런데 아무것도 하지 않는 이유는 심리적 자존감 문제나 정서적 위축의 문제가 아닙니다.

요즘 정말 아무것도 하고 싶지 않다고 말하는 사람들이 많습니다. 아무것도 하지 않는 상태를 단순히 무기력한 상태로만 볼 수는 없습니다. 무기력과 아무것도 하지 않는 상태에서 말로 표현할 수 없는 무언가를 먹는 행위는 구분이 되어야 하기 때문이지요. 눈에 띄는 활동이나 생산적인 일을 하고 싶지 않다고 해서 무조건 무기력하다고 볼 수는 없지요.

아무것도 하지 않는 상태를 유지하기 위해서도 나름의 많은 에너지를 소모해야 합니다. 하지 않는 중에도 '무언가를 해야 하는데', '이렇게 있으면 안 되는데', '바보처럼 무능하구나'라고 타박하고 질책하는 목소리가 따라 붙습니다. 이렇게 타박하는 목소리는 반대로 뒤집어 보면 아무것도 하지 않고 버티고 유지하는 상태를 더 강화시키는 역할을 하기도 합니다. 말하자면 외부 목소리(초자아의 목소리)로 스스로를 압박하면서 아무것도 하지 않는 상태를 쾌락의 상태로 만들지요.

◖●

빡빡한 삶과 팽팽한 긴장

쾌락은 의식적인 차원에서 어떤 죄책감을 수반합니다. 단지 쾌락이기 때문이지요. 정말 무능해서가 아니라 '하지 않음'을 즐기는 꽤 자극적이고 부정적인 방식입니다. '아무것도 하지 않는 상태'와 '아무것도 하고 싶지 않음'은 본질적으로 다릅니다. 현상과 욕망은 다르지요.

아무것도(생산적인) 일을 하지 않으면서 죄책감을 느끼지 않고 그 시간을 흘려보낸다면 단지 세상의 기준에서는 비생산적이고 무기력해 보일지 모르나 우리의 언어로는 명확히 표현할 수 없는 무언가를 먹고 탐닉하는 상태입니다.

여자의 심리코드

그들은 그 상태로부터 벗어나려고 하지 않고 큰 불행감이나 불만족에 시달리지 않습니다. 반면 '아무것도 하고 싶지 않음'은 더 생산적이고 세속적 의미에서의 성취를 하지 못하는 상황에 대한 부적절감과 죄책감에 시달리면서 스스로를 핍박하고 겁박하기까지 합니다. 이때는 정말 생산적인 어떤 일로 나아가고자 하는 충동보다 그런 초자아들의 겁박으로 하고 있지 않음을 더 자극적으로 느끼며 그 자극에서 빠져나오지 못하는 충동에 매몰됩니다.

일에 치여 눈코 뜰 새가 없이 바쁜 사람에게 간절한 염원은 한적한 시골 마을, 여유로운 전원생활입니다. 언젠가는 노후에 꼭 그렇게 살고 싶다고 말하는 사람들이 많지요. 그런데 이들이 진짜 모든 일로부터 벗어나 한적한 전원생활을 꿈꾸는 것이 아닙니다.

도리어 '언젠가는 그렇게 할 수 있을까? 그렇게 하고 싶다'라는 소망을 키워 빠듯하고 빡빡한 삶의 고통과 자극을 더욱 극대화하는 하나의 무의식적 장치입니다. 정말로 한적한 생활을 원해서 한 말이 아니라 서로가 가지는 극단의 상태를 팽팽하게 당겨 긴장을 유지하고자 하는 충동의 영역입니다. 그런 소망에 사로잡힌 이들이 막상 모든 일을 중단하면 무기력과 우울로 빨려들어가는 이유가 되기도 합니다.

반대로만 하고
싶어진다

지윤이는 매우 똘똘한 여자아이였습니다. 공부도 잘하고 힘든 어머니도 잘 돕는 매우 성실한 아이였지요. 반대로 지윤의 아버지는 어린아이 같은 사람이었습니다. 가족을 돌보는 일은 전혀 못했고 자녀들이 아버지를 필요로 하는 순간에도 자신밖에 모르는 이기적인 사람이었습니다. 그런 와중에 지윤은 성실하게 공부해 변호사가 되었습니다.

남편은 대기업을 다니는 유능한 사람이었고, 지윤은 남부럽지 않은 가정을 꾸렸지만 어쩐지 지윤의 마음에는 늘 채워지지 않는 갈망이 존재했습니다. 바로 유능하고 듬직하고 똑똑한 남성에 대한 환상이었습니다.

자신의 남편도 사회적으로 유능하고 똑똑한 사람이었지만 지윤은 자신을 훨씬 뛰어넘는, 자신이 범접하기 어려운 카리스마와 역량을 가진 남성을 원했습니다. 미숙하거나 사회적 역량이 약해 보이는 남성에게는 경멸감마저 느끼는 듯 보였으니까요. 결혼생활은 지루했고 언젠가 이 결혼을 끝내고 자신을 온전하게 채워 줄 남성이 불현듯 나타나지 않을지 끊임없이 염원했습니다.

그녀가 남성에게 환상을 가지는 이유는 그녀의 환경적, 심리적 결핍에서 온다고 자칫 귀인하기 쉽지만 그렇지 않습니다. 자신의 결핍을 채워 줄 백마 탄 왕자님을 기다리는 마음이 아니었지요. 그녀가 사로잡힌 것은 억압된 아버지에 대한 사랑이었습니다.

분석을 하면서 지윤은 모자라고 부족한 아버지를 전혀 의식하지 못하는 방식으로 애도하고 있다는 사실을 알게 되었습니다. 그녀는 자신을 온전하게 해 줄 남성이 아니라 아버지를 기다렸습니다. 아버지를 미워하고 경멸하고 증오하며 용서할 수 없는 고통의 감정을 깊이 억압하고 표면적으로는 회피하며 살았습니다. 아버지를 마치 없는 사람처럼 생각했지만 그녀의 아주 깊은 곳에서는 아버지에 대한 사랑, 부족한 아버지에 대한 연민이 딱딱한 돌덩이처럼 응어리져 있었습니다.

어머니의 불행과 사회적인 관념 속에서 못나고 부족한 아버지를 마음껏 사랑할 수도 없었던 스스로에 대한 분노는 층층이 뒤엉켜 온전한 남성을 기다리는 환상으로, 무의식적 애도의 형태로 그녀에게 돌아왔습니다. 훌륭한 아버지를 갖지 못한 열등감과 결핍과 보상심리에서 반대심급의 남성을 찾는 것이 아니라는 말입니다. 내 아버지가 가진 나약함, 취약함과 반사작용으로 일어나는, 반대심급으로서의 아버지를 기다리는 행위가 그녀의 감춰진 애도이고 사랑의 방식이었지요.

끝없이 기다리는 백마 탄 왕자님에 대한 환상이 아버지에 대한 애도이고 사랑의 다른 방식이었다는 사실은 놀라웠지요. 그녀는 유난히 유능하고 똑똑한 남성들에게 매료되고 사로잡혔습니다. 자칫 팔루스와 남근 선망에 사로잡힌 여성으로 비춰지거나 판단되어질 위험도 가지고 있지요.

그래서 사람의 심리나 정신작용을 표면적인 현상만을 보고 함부로 귀인하거나 유추하고 분석하는 행위는 늘 위험합니다. 무의식을 가늠하는 일은 언제나 반전과 역설이 숨어 있을 수 있고 우리의 표면적인 해석이 얼마나 오인에 이를 수 있는지도 말해 줍니다. 좋은 아버지를 갖지 못한 여자아이의 결핍으로 보고 정서적 애도의 측면에서 위로하려는 시도는 지극히 단순한 귀인론에 따른 오인이지요.

결핍인지, 만족인지가 아니라 취약한 아버지를 사랑하는 그녀만의 독특한 방식이라는 사실이 중요합니다. 반대심급으로서 그녀가 실재하지 않는 완전한 남성을 기다리는 방식은 취약하고 나약한 아버지를 끝까지 붙들고 즐기고 사랑하는 방식에 불과하지요.

우리의 무의식과 언어는 여러 층위로 복잡하게 얽혀 있습니다. 그렇다고 어떤 증상, 어떤 현상은 어떤 결핍으로부터 기인한다고 결정하는 단순한 귀인론은 곤란한 현상을 만들 수 있습니다. 남의 다리를 긁으며 계속해서 가려움을 느끼는 일과 같습니다.

여자,
동일시의 화신

여성은 내가 가질 수 없거나 갖고 싶은 대상을 소유한
여성과의 동일시로 그녀가 가진 것을
무의식의 차원에서 공유하고 소유하고 싶어 한다.

    현순 씨는 대학원에서 박사 과정을 밟고 있습니다. 2년 정도 지도 교수님 아래 몇 명의 제자들과 함께 수련과 지도를 받고 있지요. 남성인 지도 교수님을 모시고 여성들만으로 이루어진 제자들 간에 보이지 않는 경쟁과 질투, 조금 더 권위자인 교수 곁으로 다가가려는 움직임 탓에 현순 씨는 정신적으로 매우 힘들었습니다.

    교수님은 특별히 누군가를 편애하거나 특혜를 주지는 않았지만 그의 한마디는 현순 씨와 동료들을 동요하는 데는 충분했지요. 특별히 외향적이지도 사교적이지도 않았던 현순 씨는 그냥 열심히 공부하고 교수님 지도만 충실히 받고 싶었지만 동료들과의 관계에서 발생하는 크고 작은 신경전이 매우 귀찮았습니다. 관계를 맺지 않고 물러나면 집단에 무심해져 잘못처럼 비춰지고 낙오될까 두려웠고, 적극적인 관계로 들어가려면 지극히 사소한 신경전에 일상생활이 흔들리기까지 했습니다.

재미난 점은 지도 교수를 아버지의 위치에 놓고 엄마 역할을 하는 동료, 첫째 딸, 둘째 딸, 막내 딸 같은 서열이 생긴 것입니다. 이 현상은 단순히 공부하기 위한 목표를 넘어 내적 친밀함이 더해지고 많은 생활을 함께하면서 경계가 모호해지는 매우 상상계*적 상황으로 집단을 흘러가게 하지요. 현순 씨는 그곳에서 막내딸의 위치를 점했던 듯 보였습니다.

현순 씨는 그래도 목표가 있으니 꾸역꾸역 견디며 지냈습니다. 그러던 어느 날, 이 작은 집단에서조차 마치 가족관계 안에서처럼 권력과 애정 투쟁이 일어났고, 현순 씨는 환멸을 느끼며 뛰쳐나왔습니다.

그 뒤로 1년 동안 혼자서 공부했지만 그래도 자신을 가르칠 권위자는 지도 교수 밖에 없다는 생각에 다시 학교로 돌아가 박

---

* 거울단계를 포함하는 의미로 외부와 내부의 이미지 구조를 기본으로 한 관계를 상상적인 것이라고 부른다. 상상계는 항상 '너인가, 나인가', '나인가 타자인가'의 양자택일의 세계로 끊임없는 불안정이 지배하며 전쟁, 원시적 투쟁 상태와 비슷하다. 나와 타자와의 관계가 모호해 내가 친구인 유아를 때린 후 저 아이가 나를 때렸다라고 말하기도 한다.

사 과정을 밝았습니다. 그런데 현순 씨가 간극을 두고 다시 들어간 그 조직에서 신기한 경험을 했습니다. 지도 교수의 인정과 시선이 첫째 딸 위치에 있는 동료에게 가 있자, 둘째 딸 위치의 동료는 어떤 현상을 보였습니다.

첫째 딸 위치의 동료는 평소에 결벽증에 가까운 청결함과 깔끔함에 집착했습니다. 그런데 둘째 딸 위치의 동료가 1년 만에 첫째 딸과 똑같은 결벽증을 보였지요. 청소나 청결에는 보통 사람의 수준이었던 둘째 딸 위치의 동료가 자신도 알고 보니 결벽증이 있었다고 말하기까지 했습니다.

현순 씨가 그녀와 지난 2년 동안 함께 지내면서 한 번도 느껴보지 못했는데, 그녀는 1년 사이에 생긴 결벽증을 마치 원래부터 가졌던 사람인 양 행동했지요. 그냥 흉내가 아니라 정말 그렇게 믿고 그렇게 행동하고 느끼는 동료를 보고 현순 씨는 '이게 도대체 뭐지?' 하며 혼란스럽고 소름 끼쳤습니다.

◖◗

네가 나인지
내가 너인지

이 사건을 계기로 현순 씨는 도저히 안 되겠어서 분석을 받아야겠다고 마음먹고 상담실을 찾았습니다. 현순 씨는 자신이 이

여자의 심리코드

상해졌는지 아니면 자신이 겪고 있는 현상이 이상한지가 분간이 안 된다고 했지요. 그냥 공부를 열심히 해서 학위를 취득하고 전문가로 살고 싶다는 단순한 목표였는데, 그 집단에서 도무지 납득하기 어려운 현상을 주고받으며 고통을 느꼈지요.

현순 씨의 사례는 여성들이 있는 집단에서 충분히 벌어질 수 있는 현상입니다. 여성은 내가 가질 수 없거나 갖고 싶은 대상을 소유했다고 여기는 사람과 자신을 동일시하는 경우는 많이 있습니다. 내가 부러워하는 여성, 누군가의 대상이 되었다고 생각하는 여성과의 동일시로 그녀가 가진 것을 무의식의 차원에서 공유하고 함께 소유하기를 시도합니다.

오래된 명작 중에 잉마르 베르히만의 〈페르소나〉라는 영화가 그것을 아주 잘 묘사합니다. 여성이 구현하는 동일시는 흉내의 차원이 아니라 그녀의 욕망마저도 동일시하여 네가 나인지, 내가 너인지가 실제 구분이 모호해지는 상태가 됩니다.

현순 씨가 몸담은 작은 조직은 보기에는 공부하는 전문가들의 집단입니다. 하지만 그녀들을 둘러싼 보이지 않게 작동하는 무의식의 차원은 하나의 남근을 중심으로 여러 명의 여성이 연합하고 연대하고 경쟁하며 질투하는 지극히 상상계적 차원이지요. 상상계적 차원에서는 경계가 불투명해지면서 온갖 역동들이 난무하게 됩니다. 교수라는 대타자, 팔루스(언어 권력)를 가진 자로 간주되는 사람을 둘러싼 그녀들의 욕망은 그녀들이 목표해야 할 과업을 제치고 극심한 심리전을 만들어 내었지요.

◖●

따라 하면서
채워야만 한다

팔루스를 좇는 여성, 그것을 가지려고 욕망할 때 팔루스는 제대로 권력과 기능을 발휘합니다. 실제 교수라는 사람 자체이든 그가 가진 지식이든 내가 소유했다고 여기는 순간, 그것은 아무 것도 아닌 그저 사물에 그칠 것이고 결여의 주체인 여성은 또 다른 대타자를 향해 달음질칠 것입니다. 아버지 위치에 있는 그는 아주 영리하게 주지 않는 방식으로 그녀들을 소유하는 만족을 누리고 있으니까요.

여성들이 많은 그룹이나 공동체를 잘 들여다보면 심심찮게 목격할 수 있는 현상이기도 합니다. 여성들은 권위자나 리더의 시선이 가 있다고 생각하는 구성원과 동일시를 빈번하게 일으키지요. 한 여성은 책 모임에서 지도자인 리더가 자신의 글을 칭찬하고 좋은 피드백을 하자, 얼마 지나지 않아 옆 사람의 발제가 자신이 썼다는 착각이 일어날 만큼 같은 문체로 되어 있어 몸서리쳤다고도 합니다.

여자아이가 엄마의 화장품을 몰래 발라 보고 커다란 어머니의 구두를 신어 보기도 한 어린 시절의 경험이 여성들에게 한 번쯤 있지요. 그런 어머니와의 동일시 과정을 통해 여성이 되고 여자임을 확인하며 성장하지요. 하지만 이 흔적들은 쉽게 사라지지 않고 진화해 성인이 된 여성들의 소유를 끝없이 부추기는 충동으로 자리 잡습니다.

상상계적 충동으로부터 자신만의 경험을 따라 스스로 여성임을 확인하거나 더 이상 대타자를 쫓지 않아도 될 스스로와의 싸움을 하고, 스스로의 언어를 만들어 내며 자기 자신이 된 여성들도 있습니다. 그렇게 스스로의 정체성을 획득한 여성들은 분명 소유로부터는 조금 떨어져 있습니다. 가져야 한다는, 나의 결여를 더 강력한 대타자를 소유함으로써 '채워야 한다'라는 여자아이의 환상과 고집을 포기한 여성들이지요.

《자크 라깡 세미나 11》에서 라깡은 "하나를 잃으면 열을 되찾는다"라고 말했습니다.

우리는 무엇을 잃어야 할까요? 어쩌면 끝끝내 하나를 포기하지 못해 모든 것을 잃는 줄도 모른 채 잃어가고 있는지도 모르겠습니다.

한 남자를 두고 싸우는
며느리와 시어머니

부모로서 할 수 있는 도리라지만
이것들 또한 선뜻 내어 주고 싶지 않은
'자식은 내 것'이라는 소유의 욕망이 내포되어 있다..

아침마다 근처 어머니 집으로 달려가 아침을 먹고 오는 결혼한 아들, 아들 곁에 집을 얻어 때때로 아들의 밥을 챙기는 어머니….

여성들에게 '밥'은 족쇄이자 권력입니다. 아들들은 굳이 배가 고프지 않아도, 먹고 싶지 않을 때에도 어머니의 밥을 거절하지 못해 식사를 두 번 먹기도 합니다. 아들들의 배를 채우는 데 다른 가족들이 배제되는 일은 참 쉬운 선택이 되기도 합니다.

여성의 정체성과 결여가 긴밀하여 결여를 충분히 수용하고 겪어 들이기보다는 채우고 메우려는 충동에 사로잡혀 살아가

여자의 심리코드

기에 남근 욕망이라는 정신 분석적이고 선정적인 표상이 등장했겠지요. 아들을 향한 어머니들의 유난한 사랑이 전통적 남아 선호사상이 아니라 여성적 결여를 보상하는 보상물로서 아들을 선택한다는 데 있지요.

여성이 자신을 가득 채울 남근이라는 보상 체계가 아들로 가기 용이한 경로여서 그렇지 꼭 아들에게만 해당되지는 않습니다. 남근은 말 그대로 남편이 될 수도 있지요. 오직 남편만 바라보면서 아이들은 뒷전인 여성들도 충분히 존재하니까요.

딸이 엄마가 가진 욕망의 자리를 대체하기도 합니다. 남근을 대체할 욕망의 산물을 찾기를 멈추지 않는다는 사실이 중요하겠지요. 내 소유의 울타리를 완성시킬 아들에 대한 욕망이 그 어느 대체물보다 강력하고 더 집요하기는 합니다. 어머니들이 아들에 대한 욕망이 절정에 달할 때는 새로운 여성인 며느리나 여자 친구가 등장했을 때입니다. 소유했다고 여기는 자를 잃지 않기 위해 벌이는 정교한 심리전과 소유하려는 여성의 빼앗으려는 항전이지요.

여성이 시모와 겪는 갈등은 한 남성을 서로 더 소유하겠다는 지분 다툼만은 아닙니다. 원 소유권이 있는 여성인 시어머니를 거스르면 남편에 대한 사랑을 잃을까 봐 두려움을 가지고 시어머니께 순종하는 여성도 있습니다. 그것은 어머니가 아닌 남성 자체를 절대 타자, 절대 남근으로 세운 여성에게는 익숙한 모습입니다. 가부장적인 성 역할을 여성으로서의 정체성으로 받아들였다고 볼 수 있지요. 물론 좋아서 받아들였는지 전수되었는지는 알 수 없습니다. 맞서는 여성이 있는가 하면 동맹을 맺는 여성도 있겠지요.

앞서 언급한 것처럼 그 욕망은 손주를 낳는 일에 직접 관여하는 말도 안 되는 상황을 자연스럽게 연출합니다. 그것이 마치 어미의 도리와 권리인 듯 말입니다.

부부가 아이를 가지는 일에 시댁이든 친정이든 부모가 개입해서 관여한다면, 자식들의 이부자리까지 들추어가며 들여다보겠다는 외설적 사태와 속물적 욕망을 드러내는 일에 다름 아님에도 말입니다.

◖●

한 남자를 향한
두 여자의 욕망

영리한 남성들은 아내와 어머니 간 지분 싸움을 자신의 만족을 더 가져가는 데 정교하게 이용하기도 합니다. 아내에게는 어머니를 내세워 자신을 따르게 하고 어머니에게는 아내를 내세위 조금 더 자유를 누리기도 합니다. 간혹 남성적 언어로 어머니와 자신이 꾸린 가정 사이에 경계를 명확하게 설정하는 남성이 있지만 꽤 드문 일입니다.

엄마와 친하지 않다는 이유로 엄마로부터 독립적이라고 혼동하는 사람들이 무척 많이 있으니까요. 딸이 엄마에게 애증을 드러내는 반면에 아들은 어머니라는 여성에 대한 연민이 더 깊은 모습을 보입니다. 그로 인해 자신의 아내에게 선명한 위치 이동이 이루어지기보다 그 사이에서 방황하거나 회피하거나 줄타기를 하는 아들이 더 많습니다.

남성들은 어찌 되었든 어머니에서 아내로 이동하면서 또 한 번 상실에 대한 철저한 방어가 이루어집니다. 태초에 잃었지만 잃지 않은 자가 되는 것이지요.

이 지분 싸움의 전주는 자녀가 데려오는 배우자를 반대하면서부터 시작합니다. 능력이 부족하거나, 상대의 부모가 문제거나, 자녀의 현실적인 안위와 미래를 위한 절절한 걱정과 불안을 명분 삼아 반대합니다. 부모로서 할 수 있는 도리라지만 이것들 또한 선뜻 내어 주고 싶지 않은 '자식은 내 것'이라는 소유의 욕망이지요.

부모가 반대하는 배우자를 선택한 자녀를 끝끝내 받아들이지 않는 부모도 있습니다. 내가 원하지 않는 선택을 하는 자녀를 있는 힘을 다해 죄책감과 감정적 고통으로 몰아넣는 부모도 있습니다.

하지만 설령 자녀가 불구덩이로 들어간다 하더라도 부모가 할 수 있는 일은 아무것도 없습니다. 손을 내밀 수 있을 뿐 지켜보고 견디어 내는 것뿐입니다. 그 불구덩이에서 스스로 걸어나오기를 기다려야 하고 커다란 화상을 입어도 스스로 그것을 치유하도록 또 기다리고 침묵으로 지켜봐 주어야 합니다. 부모가 자녀에게 권고하고 제안할 수 있지만 어떤 논리로도 의무와 권한을 내세울 수 없습니다. 자녀는 타자들이니까요. 다른 존재이니까요.

여성들이 시어머니와의 크고 작은 신경전과 심리전에서 고통을 겪은 뒤에 자신은 훗날 다르게 살겠다고 다짐합니다. 자신은 아들이나 자녀를 그렇게 대하지 않으려는 집념을 보입니다. 정말 나는 다를까요?

진심에는 의심의 여지가 없습니다. 하지만 시어머니들처럼 원색적이고 직접적이지 않다는 이유로 욕망이 없다고 오인한다면 곤란합니다.

'부모는 몰인격적이지만 나는 달라.'

여자의 심리코드

'시어머니는 속물적이지만 나는 다르지.'

'나는 다르다'라는 신념은 내가 가진 무의식을 더 정교하고 전략적으로 만듭니다. 내용과 서사가 달라진다고 해도 구조적으로 반복되는 우리 자신도 부모나 타자들과 다르지 않을 수 있습니다. 오히려 열린 태도가 스스로 정말 다른 인간이 될 수 있는 가능성을 허용합니다.

이제는 다른
사랑의 길을 낼 때

우리가 남성들의 어머니로부터 불편하고 불쾌한 무수한 경험들을 하면서도 우리 자신도 여성이라는 사실을 자꾸 잊어버리고 자신은 다르다고 생각합니다. '나는 다르다'고 믿는 그곳에 무의식의 교묘한 속임수가 출현하겠지요. 여성이든 남성이든 내 안에서 펄펄 살아 있는 무의식의 욕망에 대해 수긍할 수 있는 태도를 가질 수 있어야 그토록 소중한 자녀들이, 가까운 이들이 자신만의 삶을 살 수 있는 길이 조금 더 열립니다.

함께 더불어 아름답게 살아 갈 수는 없을까요? 아름다운 그림을 유지하는 데 어떤 의무와 권력이 사용되어지고 있는지 가늠이나 할 수 있을까요?

단절과 상실이라는 죽음이 양쪽에서 일어나지 않는다면 그것은 불가능합니다. 팔루스적 욕망에 사로잡힌 여성이나 남성들은 아들이나 딸을 결코 자라지 않는 상태로 유지하려고 합니다. 한없이 지원하며 손과 발이 마모되어 스스로는 아무것도 할 수 없도록 만들기도 합니다. 사랑스러운 부모의 남근적 산물이 되었지만 자신을 믿지 못하고 의존에서 벗어날 수 없게 만드는 비극이 이어지지요.

행복과 고통의
줄다리기

고통은 제거해야만 하는 것은 아니다
오히려 고통이 제거되면 생의 에너지도 함께 제거되어
죽음의 지대에 다다른다.

제 일상을 영상으로 찍으면 '세상 재미없는 화면이 펼쳐지겠구나' 하는 생각이 듭니다. 단조로운 일상이 반복되니까요.

저는 눈을 뜨면 커피 한잔을 마시고 밀실로 들어갑니다. 그리고 해가 질 때까지 어떤 날은 밤늦게까지 그 밀실에서 한 발짝도 나오지 않고 사람들과 분석 작업을 합니다. 어쩌다가 한낮에 일정이 끝나는 날은 다시 집인지 숙소인지 구분이 되지 않는 집으로 가 내일을 간단히 준비하거나 카페에서 글을 쓰다가 하루가 끝이 납니다.

지인도 친구도 만나지 않고 사회적 관계도 맺지 않은 채로 밀실을 중심으로 사는 일상이 짜여 있습니다. 물론 그 사이사이에 아이가 있지요. 그럼에도 어떤 다이나믹도 없는 마치 '흑백무성 영화 같구나'라는 생각이 때때로 듭니다. 막상 그 사실을 자각 하면 지루한 영화 같은 제 일상이 '참 좋구나'로 다가옵니다.

고통의 종료나 증상의 종료가 종교와 심리치료, 정신의학이 지향하는 지점이라면, 정신 분석은 고통으로부터의 해방에 목 적이 있지 않고 제대로 이해하고 받아들이는 적극적인 '실천'에 있습니다.

예전에 제 선생님께서 이런 질문을 하신 적이 있습니다.

"수녀원에서는 행복하셨습니까?"

저는 이렇게 대답한 기억이 납니다.

"행복하다고 고통스럽지 않다는 뜻은 아니잖아요."

고통이 사라지면 쾌락도 사라집니다. 20대를 송두리째 바쳤던 수도원에서의 시간은 참으로 뜨겁고, 참으로 고통스럽고, 참으 로 기뻤던 시간으로 기억이 됩니다. 지금은 저를 괴롭히던 많은 고통이 사라졌고 그와 함께 저를 출렁이게 했던 쾌락도 함께 물러났습니다. 물론 이때의 쾌락이 팔루스적 쾌락과 여성적 쾌락을 넘나들었음을 정신 분석을 공부하며 나중에 알았지만요.

◖◗

고통이 지나면
행복이 아닌 사막이 찾아 든다

내담자들은 개인 분석을 오랫동안 받고 나면, 여러 가지 장해물이 자신의 의식과 무의식에서 제거되고 진정한 자신을 만나 자유로워지리라고 생각합니다. 그것 또한 하나의 환상이지요.

자유로움과 행복, 또는 진짜 자기라는 상에 대한 이상적인 이미지가 만들어 놓은 것일 테니까요. 진짜 자신은 어떤 모습일지 아무도 알 수 없습니다. 내가 상상하는 모습이 아닌 상태가 될 여지가 더 많지요. 오히려 많은 것이 제거되고 난 땅에는 지극한 환멸과 무의미, 공허와 폐허가 남습니다. 그때는 살아도 그만, 살지 않아도 그만인 상태가 됩니다. 삶과 죽음의 차이조차 무의미해지는 우울의 시간이 찾아 들지요.

우울은 참으로 진실한 심리입니다. 그렇다고 우리가 자신의 주체임을 포기하고 무의미와 허상뿐인 세상이라고 냉소하며 스스로를 놓아 버리는 일은 그 누구도 아닌 나 자신에 대한 윤리를 져 버리는 태도입니다. 타자를 위해, 누군가를 위해서가 아닌 오직 나 자신을 위한 윤리적 태도를 고심하는 일이 정신 분석이기도 합니다.

진짜 구원은 불교에서 말하듯 더 이상 우리가 충동과 욕망에 사로잡히지 않은 상태를 말하는 듯합니다. 우리 내면에 겹겹이 층위를 이루는 욕망과 충동은 모두 사회적 산물이고 무의식 또한 타자로부터 비롯되었기 때문이지요. 그래서 더 이상 타자가 아닌 내가 된다는 의미이고, 내가 된다는 의미는 아무것도 남지 않는다는, 아무것도 아니라는 말이 됩니다. 모든 것을 잃는다는 말이지요. 그런 와중에도 우리는 반드시 살아야 하니까요.

사막을 만나고 삶이 얼마나 비루하고 지루한지를 알고 그 사막에서 무엇을 길어 올려야 할지를 고민하는 것, 새로 돋아날지 아닐지도 모를 풀을 지치지 않고 반복적으로 심을 수 있는 행위, 그것을 위해 나 자신에게 묻고 또 물어야 합니다. 무의미함을 알지만, '무의미의 블랙홀' 속으로 빨려 들어가지 않으려는, 의식적인 나도 있기 때문입니다.

아버지께서 말기암으로 고통의 정점에 달해 있는 모습을 곁에서 지켜보았습니다. 단 1분도 편하게 숨을 쉬지 못하고 몸을 가만히 있지 못할 만큼 고통과 신음에 몸부림치는 아버지를 보면서 아무것도 할 수 없는 무력함과 고통이 빨리 끝나기만을 간

여자의 심리코드

절하게 염원해야 했던 심정은 제 육신의 통증으로까지 이어졌습니다.

살아 있는 동안 맺는 관계는 그 관계를 둘러싼 무수한 애증과 욕망으로 실타래처럼 얽히고 요구와 욕구에게서 벗어날 수 없어 고통을 겪습니다. 사랑하는 가족에게, 자식에게, 부모에게, 형제에게 자신들이 감당할 수 없는 감정적 고통을 전가하며 질곡을 겪지만 결국 마지막 고통은 온전히 홀로, 고독하고 외롭게 감내할 수밖에 없음을 온몸으로 경험한 시간이었습니다.

누구도 그 고통에 동참할 수 없고 우리 자신의 몫은 오로지 스스로 짊어질 수밖에 없습니다. 우리가 할 수 있는 가장 큰 사랑은 그것을 함께 지켜보고 견디는 일뿐이라는 사실을 말이지요. 오직 혼자서 감내해야 하는 고독만 있을 뿐입니다.

고통의 시간을 보낼 때 꼭 누군가로부터 위로받고, 지지받아야 회복하고 치유되는 것은 아닙니다. 위로와 지지는 내 고통을 더 유지시키며 그 고통이 주는 단즙을 핥는 행위를 멈출 수 없게 만들 수도 있습니다.

고통을 견뎠거나 고통의 한복판에 있다면, 처절하게 살아있으면서 삶이 뿜는 엄청난 양의 에너지를 모두 발화함에 지나지 않습니다. 고통은 제거해야만 하고 그래서 평안을 이루어 내야 우리 삶이 정점을 향하지는 않는다는 이야기입니다.

오히려 고통이 제거되면 생의 에너지도 함께 제거되어 죽음의 지대에 다다릅니다. 물론 그 죽음의 지대에서야말로, 그 폐허에서야 비로소 진정한 자신으로 새롭게 살아갈 수 있는 시작이 일어나긴 합니다.

◖◗

그렇다면 무엇이
우리를 구원할까

인생의 대부분은 사실 지난한 시간으로 이루어집니다. 한순간도 지루할 틈 없이 반짝이는 고통 속에 있는 이들은 그들의 고통이 끝나면 비로소 찬란한 행복과 평안이 찾아오리라 기대합니다. 하지만 한 주체가 겪는 고통 이면으로 무의식의 쾌락이, 생의 지난함을 견딜 수 없는 주체의 쾌락에 대한 집착으로 도사리고 있을 수 있습니다.

우리 모두가 자신이 있는 곳이 구원의 성전이 되면 좋겠습니다. 저와 같은 분석가는 분석실이, 의사는 진료실이, 노동자는 현장이, 주부는 자신의 울타리가 지극한 성전이 되기를 바랍니다. 우리가 있는 곳을 성전으로 만드는 일은 특별한 의식이 필요하지 않습니다. 단지 그곳에 나 자신을 온전히 머물도록 하면

여자의 심리코드

됩니다.

 어떤 개입, 어떤 평가나 가치, 어떤 세상적인 기준과 생각이 그곳을 침범하지 못하도록 차단하고 오직 내가 머물게 합니다. 앞서 말처럼 오직 내가 있다는 뜻은 아무것도 없다는 뜻도 됩니다. 그것은 세속적 의미의 고립이 아니라 자신을 주체로 구원하는 통로이고 적극적 의미의 고독입니다.

사람을 원하고, 사랑을 원한다

4장

여자의 심리코드 3.
사랑

사랑을
향한 광기

여성은 어딘가에 자신을 온전히 쏟아붓고 싶어 한다.
다시 반영받기 위해 쏟아붓는 나르시시즘적 투자가 아니라,
온전히 투신하여 그로 인해 소멸에까지 이르고자 한다.

우리 안에 내재해 있는 광기는 여러 모양으로 발화됩니다. 특히 여성에게서 발화되는 여성적 광기는 사랑의 열정 또는 안티고네, 잔다르크처럼 죽음도 불사하겠다는 투사의 열정으로 나타나기도 합니다. 물론 세계와 사회, 가정이라는 단단한 울타리는 이런 광기가 섣불리 출현하지 못하도록 하는 견고한 장치를 가지고 있습니다. 꼼꼼하게 안정적으로 돌아가는 세계는 그것들의 허용이 반가운 일만은 아닐 테지요.

모든 심리치료, 현대의 정신 분석, 심지어 종교까지도 이것을 안정화하고 적응적으로 만드는 데 충실하고 있습니다. 하지만

정신 분석가로서 포기할 수 없고 집요하게 집중하는 것은 '개인 안에 있는 광기를 어떤 모양으로 어떤 상태로 발화할 수 있도록 이끌어 낼 것인가?'입니다.

여성이 접근하고 발화하는 광기의 모습이 가장 잘 드러나는 것이 바로, 사랑이기도 합니다. 합법적인 관계이든 비합법적인 관계이든 사랑을 쏟는 데 모든 것을 거는 여성들이 있습니다. 그녀들에게 그 에너지는 오히려 사랑을 받는 사람의 방어적 한계에 부딪히며 좌절에 몸부림치기도 합니다. 무한대로 모든 것을 발화해 자신을 소멸에 다가가게 하고, 심지어 파괴로까지 이르게 하는 그녀들의 광기입니다. 여성의 광기가 가족을 향한 헌신으로 길을 트는 경우, 특히 아이들에 대한 헌신으로 발화하는 경우에는 오히려 참담한 결과에 이르기도 합니다.

여성의 광기는
언제나 왜곡된다

여성은 어딘가에 자신을 온전히 쏟아붓고 싶어 합니다. 다시 반영받기 위해 쏟아붓는 나르시시즘적 투자가 아니라, 여성성을 온전히 투신하고자 하고 그로 인해 소멸에까지 이르고자 합니다.

어느 젊은 여성은 "명멸에 이르고 싶다"라는 표현을 하기도 했습니다. 이렇게 여성은 자신을 태워 사라지는 절정에 이르도록 쏟아붓고 헌신하고자 하는 광기를 안고 있습니다. 이 절정감을 라깡적 용어로 '타자적 주이상스'라고 합니다.

타자적 주이상스는 '팔루스적 주이상스'를 넘어 궁극의 지점으로 나아가고자 하는 여성의 광기, 절정과 관련합니다. 주이상스는 고통을 수반하지만 포기하지 못하는 증상, 두렵고 무서워도 자꾸 앞으로 나아가는 무모한 용기도 될 수 있습니다. 이때 여성은 생물학적 여성이 아니라 구조적 여성을 말합니다. 광기는 여성적 주이상스와 직접 연결됩니다.

타자적 주이상스의 예로써 가톨릭의 성자와 성녀들이 자주 거론됩니다. 아빌라의 데레사의 법열과 시에나 카타리나의 나환자들의 고름을 핥아 먹는 행위 등이 그렇습니다.

그녀들이 겪는 헌신과 투신은 그저 타자를 위한 희생의 차원에서 이해할 수 없습니다. 우리 모두에게도 타인을 위한 이타심은 있지만, 그녀들이 경험하고 보여 주었던 극한의 헌신과 열정은 단지 신을 향한 열망이나 종교심을 넘어서는 주이상스의 절정을 보여줍니다.

카타리나가 나환자들의 고름을 입으로 닦아 낸 행위는 우리의 상식으로 생각하기에 악취나 역거움을 참고 견디는 일은 타자를 위하는 행위가 아니지요. 그녀에게 그들의 고름은 더 이상 역겨움과 악취가 아닌 기꺼이 받아 마시는 성수와 같이 그녀를 불쾌와 유쾌의 경계를 허물어 절정에까지 이끌어가는 지고(至 高)의 순간이기 때문입니다.

라깡 정신 분석학자들은 여성에게는 팔루스적 주이상스 외에 추가적인 가능성을 가지고 있으며 여성은 전적으로 상징계 안 에서만 있지 않은 보충적인 향락이 있다고 말합니다. '남근 기 능이 요구하는 거세와 관련되지 않고 거세가 잊고 있는 향락'을 누리게 된다고 말입니다.

팔루스적 욕망이 아닌 오직 절정을 향한 개방성이 그것을 가 능하게 합니다. 남성적 주체는 거세에 의해 거절을 당한 잉여 향 락이 대상이라는 모양으로 환원해서 반복되지만, 여성은 그 거 세를 잊은 지고의 향유에 좀 더 열려 있는 것이지요. 물론 이 주 이상스의 영역을 종교적이고 신비적 체험으로 아름답게 미화시 키면 본질을 벗어납니다.

여성적 주이상스는 매우 마조히즘적인 속성을 내포하는 것 으로 보면 조금 더 정확할 듯합니다. 즉각적 만족을 주는 남근 적(팔루스적) 욕망을 넘어서고자 하는, 그 너머가 여성적 욕망입 니다.

강박증자보다는 히스테리증자인 여성들에게 그 문은 더 가까이 더 많이 열려 있는 듯 보입니다. 강박증자인 남성은 그런 여성들의 접근이 위협적이고 공포입니다. 라깡의 설명대로 강박증자는 타자의 욕망을 무화시키기를 시도하며 부정하는 특징을 가지고 있으니까요.

히스테리증자가 "무엇이든 할 수 있다"를 표현할 때 나르시시스적인 강박증자는 마치 자신이 집어 삼켜질 듯한 "무슨 짓이든 할 수 있다"라는 메시지로 듣습니다. 자신을 태워 스스로를 소멸에 이르도록 발화하고자 하는 히스테리증자와 오직 자신의 보존을 목적으로 하는 강박증자는 그래서 결코 맞닿을 수 없는 관계에 있습니다.

◖●

치명적인
그녀의 충동

그녀는 때때로 자살 충동을 느끼고는 했습니다. 통념적으로 자살 충동은 우울함이 이끄는 파괴적 현상으로만 인지되어지기도 합니다. 하지만 '자살 충동'이라는 말에서 주의를 기울여야 하는 방점은 '충동'입니다. 심각한 우울과 무기력에 시달리는 경우에는 오히려 자살에 대한 사고는 할 수 있지만 충동이 올라오는 경우는 드뭅니다. 이때 자살 생각은 삶에 대해서나 세상에 대한 회의적이고 환멸적인 상태에서 사는 일이 무슨 의미가 있을지에 대한 화답으로 자살 사고들이 올라오고는 하지요. 하지만 자살 충동은 자살 생각과는 확연한 차이가 있습니다. 충동이 올라오는 때를 유심히 관찰하면서 그 안에서 일어나는 어마어마한 공격성을 발견할 수도 있습니다.

그녀도 그랬습니다. 누군가로부터 공격을 받는다고 느낄 때, 자신이 간절히 원한 소망이 결코 이루어지지 않는다고 느꼈을 때, 죽고 싶은 충동에 휩싸였습니다. 이때 그녀는 자신의 죽음이 누군가에게 큰 고통이 되었으면 좋겠다는 소망도 함께 품었지요.

심리학적 관점에서 보면 타자에 대한 공격성을 실제 타자에게는 행할 수 없다고 느끼는 무력한 아이가 스스로를 파괴적인 상황으로 몰고 가면서 타자에게 복수하는 행위라고도 할 수 있습니다. 하지만 정신 분석에서는 표층적인 의미나 의도가 아니라 그녀가 이런 '충동'을 경험할 때 에너지와 방향에 주의를 기울입니다. 충동은 엄청난 기운이라는 것이지요. 그것에 어떤 의미와 서사를 부여하기 전에 우리 자신을 파멸로 이끌어 가고자 하는 죽음에 대한 충동도, 엄청난 즐거움과 쾌락을 지향하는 삶에 대한 충동도 양상이 다르게 드러날 뿐 결국 엄청난 에너지의 발화로 먼저 이해해야 할 것 같습니다. 결국 죽음에 대한 충동

여자의 심리코드

도 좌절의 끝이 아니라 절정과 희열을 향한 극단으로 이어진다고 봅니다.

프로이트의 말마따나 동전의 양면처럼 죽음 충동과 생의 충동으로 나누어지는 우리 삶의 에너지는 어떤 것은 옳고 긍정적이며 어떤 것은 나쁘고 부정적이라고 이분법적으로 나누어 볼 수만은 없습니다. 그녀의 죽음 충동도 방향이 극단적으로 틀어졌을 뿐 궁극적으로는 누군가에게 치명적인 자신의 흔적을 남기고 싶다는 열망일 뿐이니까요. 그녀가 열망하는 치명적인 흔적은 자신을 죽이는 행위를 가정하면서 극단의 희열을 향하고 있습니다.

몰입과 죽음은
맞닿아 있다

프로이트가 말하는 죽음 충동은 여러 가지 관점에서 말할 수 있습니다. 그중에서도 죽음 충동은 원점으로의 회귀, 태어나기 전 태초의 상태로 되돌아 가려는 충동을 말합니다.

저는 수도원에서 10년을 살고 아무것도 없는 세상으로 불쑥 던져지듯 나왔습니다. 그리고 결혼 10년 즈음이 되었을 때 저는 이혼을 생각했습니다. 이성적으로 보면 도저히 납득할 수 없는 충동이 저를 사로잡았지요. 현실적으로 아무런 이유가 없고 파괴적이기만 한 그 충동은 10년을 주기로 그간 가꾸고 쌓아온 시간들을 몽땅 뒤집어 원점으로 되돌리고 '0'으로 만들고 싶어 했습니다. 분석을 통해 알게 된 이 충동은 제 삶을 결코 안정화 할 수 없도록 뒤흔들었지요.

끊임없이 모든 것을 뒤집고 무화시켜 원점으로 되돌리려는 충동은 죽음 충동에 가까움을 알았습니다. 실제 죽음이 아니라 현실의 죽음, 그에 따르는 엄청난 대가와 고통을 알면서도 기어이 불길로 들어가려는 충동, 하고 싶지 않고 하면 안 될 일 같은데도 할 수밖에 없는 충동이었습니다. 주이상스의 다른 이름으로 존재했지요.

우리가 죽음에 대한 충동을 부정적으로만 여기지 않았으면 하는 바람이 있습니다. 내 삶에서 발화되는 죽음 충동이 어떤 모양으로 드러나는지, 그 에너지를 세심하게 다루고 주의를 기울이면서 어떤 방향으로 사용하느냐에 따라 전혀 다른 삶의 방식과 경험으로 이끌어 갈 수도 있으니까요. 가령 일을 미친 듯이 하는 워커홀릭이 있다고 합시다. 그가 일에 집착하고 매몰하는 이유가 단지 일 중독이고 성취를 위한다고 볼 수도 있으나 그렇지 않습니다.

어떤 것에 대한 집착과 몰두, 좀 더 승화적인 측면에서 보면 무시무시한 집중과 몰두는 죽음 충동과 더 관련이 깊습니다. 그 것이 향하는 마지막은 파국과 파괴로 이어질 수 있기에 죽음 충동에 가깝습니다. 그것들이 자신의 길을 잘 찾아 낸다면, 그래서 자신만의 규칙과 질서 안에서 반복된다면 죽음 충동은 꽤 승화적인 차원으로 나아갈 수도 있습니다. 그 죽음 충동의 지대에서는 세상의 기준이나 온갖 판단, 감정, 이미지들이 밀려가고 오직 고요한 자신만이 존재합니다.

결핍의 자리에
자리 잡은 질투

그녀들은 타자들이 탐닉하는 주이상스이다.
오직 나만이 고통을 소유한 듯,
내 고통만이 고통인 듯 발화하며 그 속에 몸을 던진다.

질투에 대해서 좀 더 섬세한 탐색과 인식이 필요하다는 생각이 듭니다. 질투에 대한 속성에 대해서는 이전 책에서도 언급했는데, 질투는 나보다 우월하거나 대단한 사람을 보며 느끼는 선망이나 욕망의 차원에서 더 좋고 커다란 무엇을 갖지 못해 생기지는 않습니다.

내게는 필요하지 않아서 굳이 나보고 하라면 안 할 텐데, 누군가 그것을 탐닉하고 살뜰히 즐기면 불편하고 얄미운 느낌, 즉 '꼴 보기 싫은 감정'입니다. 어떠한 그냥 이유 없이 누군가가 싫고 밉고 계속 불편하다면 아주 밑바닥에서 일어나는 질투를 의

여자의 심리코드

심해 볼 수 있지요.

오래전 아우구스티누스의 《고백록》에도 질투가 등장합니다. 어머니 팔에 안겨 만족스러운 표정을 짓는 남동생을 질투한 형이 파랗게 질린 얼굴로 그 모습을 바라보는 내용입니다. 인간이 가진 가장 원초적이고 일차원적인 정동이 질투이지요.

단순한 예로는 아내가 육아에 지쳐 있는데 남편이 일을 핑계로 회식을 하고 늦게 들어오거나 술을 마시고 올 때 극도의 분노를 느끼는 경우를 볼 수 있습니다. 아내가 육아에 지친 시간 동안 알지 못하는 곳에서 남편이 향유를 즐겼다는 사실은 남편이나 아빠로서 다하지 못한 역할에 대한 부적절함도 이야기하지만, 아내의 마음 깊은 곳에서는 질투로 움직이는 경우가 많습니다. 남편이 육아에 소홀해서 화가 난다고 생각하지만, 내가 즐기지 않는 것을 누군가는 즐기고 있을 때 발생하는 질투라는 것이지요.

연인 사이에서는 도무지 이해할 수 없는 하찮은 곳에 열중하는 파트너의 어떤 면을 끝까지 못 견디는 경우도 있지요. 이때 우리는 당위와 의무, 비합리성을 들어 상대의 잉여 쾌락을 통제하거나 억압하려 듭니다.

이성 관계에서는 질투가 작동하지 않으리라는 막연한 관념이 있습니다만, 부부나 연인의 깊은 곳에서는 질투와 경쟁이 작동

할 수 있습니다. 이 경쟁은 보이지 않는 힘겨루기로 이어지며 관계를 피폐하게 만들지요.

불행마저도
질투한다

더 나아가 피학적 구조에 사로잡혀 고통을 반복하는 여성은 타인의 '불행을 질투'합니다. 매우 납득하기 어려운 이질적인 조합이지요. 극단적으로 들리겠지만 고통을 핥아먹는 여성은 남편이나 형제, 친구들이 불행한 상황을 말할 때 경쟁하듯 자신의 불행을 쏟아내지요.

그녀들은 고통 자체를 질투하는 것이 아니라 타자들이 자신의 고통을 발화하며 탐닉하는 주이상스 jouissance *입니다. 그래서 더 고통받는 나로 타인을 덮으며 오직 나만이 고통을 소유한 듯, 내 고통만이 고통인 듯 발화하며 그 속에 몸을 던지며 전율

---

* 프랑스어로 쾌락의 원칙을 넘어서 고통이 동반되는 극단의 유희를 향유함을 말한다. 영어로는 'enjoyment', 한글로는 '향락'이나 '향유'로 옮기지만 주이상스 개념은 완전한 번역으로 설명하기 모호해 대부분 에크리 영문판에서처럼 프랑스어를 그대로 유지한다. 라깡의 초기 저작에서는 성적인 즐김으로 단순하게 표현되었지만 프로이트의 쾌락의 원리를 넘어서는 만족, 충동만족의 의미로 사용된다. 향락, 주이상스는 쾌락에서 나타나는 것만큼이나 증상으로 표면화되는 고통과 심적 고통에서도 나타나기에, 무의식적인 마조히즘적 성격 또한 포함한다. 주이상스는 여성적 형태의 즐김, 즉 남근적이지 않은 향락을 의미한다. 이러한 주이상스는 강박증자인 남성이 여성 쪽에(히스테리화)들어가기로 선택할 경우 남자들에게도 열려있다.

여자의 심리코드

하지요. 고통 자체를 환영하는 것이 아니라 증상적인 방식으로 숨겨진 쾌락을 터득하게 된 것이 피학적 고통의 이면입니다.

슬픔이 제거되기를 원하는 듯하지만 슬픔 자체를 탐닉하며 그것이 마치 하나의 정체성이 되어 버립니다. 여자들이 수다를 떨면서 서로가 남편의 흉을 신랄하게 보지만 막상 친구들이 남편을 흉보면 싫어한다는 말이 있지요. 그것은 나를 고통스럽게 하는 남편 자체를 비난하기 위한 행위가 아니기 때문입니다. 그와의 관계에서 벌어지는 비극을 발화하는 반복적 행위에서 쾌락을 넘어 욕망으로 나아가기 위함이지요.

가까운 남편과 아내 사이, 선생과 제자 사이, 자녀와 부모처럼 가까운 사이에서 벌어지는 질투를 어렴풋이나마 자각하는 사람들도 있습니다. 이때는 상황이 그리 나쁘진 않습니다. 분석 과정에서 그것을 분절하며 에너지를 다른 방향으로 돌릴 수 있는 가능성이 생기니까요. 질투하며 뿜는 에너지 자체가 문제가 아니라 사용하는 방식에 따라 결국 관계의 갈등과 고통의 늪으로 빠져드는 것이 문제가 됩니다. 그것은 매우 깊숙한 곳으로 들어가 스스로는 조금도 의식하지 못하거나 의식해서는 안 되는 문제가 되지요. 의식하지 못한 질투는 표면적으로는 여러 가지 합리화와 정당화를 만들어 내며 또 다른 고통을 생산합니다.

그에 반해 남성적 질투는 정의를 가장하는 경우가 많은 듯합니다. 정치인들을 보면 쉽게 이해할 수 있지요. 나는 어떤 행동을 하지 못하고 하지 않을 테지만 누군가 아무렇지도 않게 더 나아가 뻔뻔한 모습을 끌어 내리고 싶어 하는 남성적 주체들의 이면에도 질투가 자리합니다.

단순히 권력을 향한 욕망만은 아닙니다. 나는 차마 부끄러워서 할 수 없는 짓을 타자가 향유할 때 달려들어 어떻게든 그 쾌락을 제지하고 싶은 욕망이기도 합니다. 제자가 자신을 넘어설까 두려워 지나치게 혹독하고 가혹하게 가르치는 선생이 자신의 권력과 권위를 빼앗기리라는 두려움 때문만이 아니라는 사실이지요.

라깡은 결국 정의의 이면에는 '질투'가 있다고 말하기도 했습니다.

◖●
질투를
이해해 보려는 자세

가부장제에 길들여지고 뿌리 깊은 가족주의에 사로잡힌 남성적 주체들은 아내나 연인의 모든 것을 책임지려 하면서도 그것을 알고 통제하고자 합니다. 결코 그들의 사유와 그들의 시선 밖으로 나가려는 여성을 견디기 어려워하지요. 특별한 무언가가 있을까 봐 걱정하거나 내가 보지 않는 곳에서 더 좋은 것을 누릴까 봐 싫어하기보다 그냥 내가 알지 못하는 어떤 것을 향유하기를 견디기 어려워합니다. 내가 누리고 싶지는 않지만 남이 누리도록 허용할 수도 없는 태도가 사회적으로는 규칙과 질서, 원칙이라는 담론 속에서 순기능을 발휘할 수도 있는 것 같습니다. 그것으로 인해 보호받는 사람들도 생기니까요. 이렇게 심층은 한 가지만이 아닌 여러 층위로 기능합니다.

그중에서도 성적 향유를 누리는 주체에 대한 혐오는 가장 두드러집니다. 여성들 중에 남성에 비해 성적인 것에 지나칠 만큼 혐오나 역겨움을 느끼는 사람이 있지요. 그것을 모두 질투의 이면이라고만 말할 수는 없습니다만 우리에게 잘 주어진 억압 장치는 내가 억압하는 것을 드러내 놓고 향유하는 주체를 견딜 수 없게 만듭니다.

억압은 충동을 혐오와 역겨움으로 탈바꿈하기도 하지요. 내가 충분히 누리지 못하는 성을 향유하는 딸을 그냥 보아 넘기려 하지 않는 어머니도 이 관점에서 생각해 볼 수 있습니다. 이때 어머니는 우리가 기대하는 모성 지극한 주체가 아닌, 그냥 여성입니다.

안전과 보호를 명분으로 자신이 알지 못하는 곳에서 은밀한 성적 향유가 가장 가까운 딸에게서 일어나는 모습을 넘기지 못하고 집착적으로 통제하고 억압하는 것이지요. 아들에게는 별로 적용되지 않는 통금 시간이 딸에게는 아직 엄격하게 적용되는 경우도 많이 있지요. '세상이 흉해서', '딸이니까'라는 이유는 합당하기도 하지만 또 그렇지 않기도 합니다. 어느 여대생은 지나치게 귀가 시간을 통제하는 어머니에게 도전이라도 하듯 늘 아침 일찍 남자 친구를 만나 성적 유희를 즐긴다고 말합니다.

질투는 개인이나 사회적 차원에서도 매우 넓고 정교하게 깔려 있습니다. 사회적 인식처럼 질투는 일차원적 정동이니 무조건 나쁘고 다스려야 할 무엇은 아닙니다. '질투'는 나와 타인 여러 현상들을 더 깊게 이해할 수 있는 키워드임에는 분명하니까요.

알 듯 말 듯
모호함 속 매력

무언가 대단히 신비한 이미지를 부여하는 것을 말함이 아니라
여성은 말 그대로 '알 수 없는 존재 자체'이다.
모호한 경계를 위태롭게 넘나들며 자신을 온전히 드러내지 않는다.

여성은 무엇을 원할까요? 박찬욱 감독의 영화 〈헤어질 결심〉
으로 그것을 이야기해 보고 싶습니다. 평론가들은 여자 주인공
서래(탕웨이)의 팜므파탈을 이야기했습니다.

영화는 히스테리적 주체인 여성이 어떻게 자신을 파괴로 이
끌며 남성을 향해 가는지, 강박증적 주체인 남성이 어떻게 자신
의 규칙을 허물며 여성에게로 향해 가는지를 주옥같은 대사들을
통해 드러냅니다. 무엇보다 히스테리적 주체와 강박증적 주체가
어떻게 자신의 욕망을 실현하는지가 매우 선명하게 드러나는 점
이 흥미로웠습니다.

여자 주인공 서래, 그녀가 팜므파탈일 수 있는 이유 중 하나는 그녀의 모호함 때문이라고 생각합니다. 그녀의 '모호한 침묵' 말이지요. 진심인 듯 아닌 듯 도무지 알 수 없는 그녀의 불투명하고 모호한 태도와 말은 남자 주인공 해준(박해일)을 답답하게도 애타게도 합니다. 서래의 어눌한 한국말은 거기에 더해져 모호함을 극대화하는 장치가 되지요. 박찬욱 감독의 그러한 선택에 매우 놀랐습니다.

'파키누스'라는 그리스어는 '매혹하다 facinate'라는 의미를 갖고 있다고 합니다. 다른 여자를 쳐다보지 못할 정도로 남자를 매료시키고 사로잡는 뜻이지요.

그녀는 취조실에서도 주눅이 들지 않고 취조실을 데이트 시간으로 느껴지게 만듭니다. 아무것도 모르는 천진난만한 모습으로 또는 모든 것을 정교하게 계획하는 무서운 모습으로도 비춰집니다.

해준은 서래에게 매료되고 사로잡혀 자신이 지켜왔던 원칙과 규칙이 제대로 작동하지 않게 되자 "모든 것이 붕괴되었다"라고 말합니다. 많은 여성들이 팜므파탈을 꿈꾸는 듯 하지만 신경증 자인 여성들은 남성과의 관계에서 그 긴장을 견디기 어려워합니다. 모호한 채로 자신을 감추고 그것을 쫓는 남성과의 관계에서 일어나는 긴장과 신경전이 단순한 밀고 당기기로 여겨지며 충동은 이것을 해소하고 어떤 만족에 이르고 싶어 하니까요.

여기서 해준이 자칫 서래의 '예쁜 외모'에 매료되었다고 생각할 수 있지만 남성이 여성에게 사로잡혀 복종에까지 이르는 것은 결코 외모의 문제가 아닙니다. 도무지 손안에 잡히지 않는 안개나 신기루처럼 실체 없이 느껴지는 그녀가 그에게는 더, 더 알고 싶게 만드는 욕망을 부추깁니다. 여기서 모호한 여성의 존재를 신비함이라고 해석하면 곤란합니다. 무언가 대단히 신비한 이미지를 말함이 아니라 말 그대로 '알 수 없는 존재 자체'입니다. 그녀는 연인인 듯하기도 범죄자인 듯한 모호한 경계를 위태롭게 넘나들며 자신을 온전히 드러내지 않습니다.

일상에서는 여성의 모호함을 견디지 못하는 남성들이 많습니다. 라깡 분석가들은 정신 분석가 또한 그런 모호한 상태의 아무것도 아니면서 전부인 상태로 있어야 한다고 말합니다. 만약 분석가가 나르시시즘적 자기 존재감과 자신의 권위에 빠져 있다면 필연적으로 분석은 실패에 이른다고 말하지요.

◖◦

여자,
팜프파탈의 사랑

주인공 해준은 강박증자의 모습을 보여줍니다. 강박증자인 남성은 자신을 매혹시키는 여성에게 스스로를 열어 보이는 지극히 위험한 짓을 하지 않습니다. 그가 지금까지 지켜오고 유지해 왔던 모든 규칙이 흐트러지고 '붕괴'될 위험을 감수해야 하기 때문이지요.

그녀는 그런 그 앞에서 서슴없이 "한국에서는 좋아하는 사람이 결혼했다고 좋아하기를 중단합니까?"라고 말합니다. 그녀의 그 말에 그는 멈춥니다. 쉼 없이 움직이는 정교한 사유들이 일순간 멈추어 공백 상태에 달한 표정을 한 그가 있습니다. 그는 어찌할 수 없는 사이렌의 음성에 이끌리는 선원들처럼 그녀에게 자신을 허물고 내어 보이고 받아들이고 맙니다.

강박증자가 타자를 받아들인다는 말은 존재를 포기한다는 말과 다르지 않습니다. 히스테리적 주체인 여성들은 어떤 헌신과 희생을 감내하고서라도 그녀들의 집을 타자 안에 짓기 위해 몸부림치지만 그 견고한 벽 앞에서 늘 좌절하게 되는 이유입니다. 그들은 자신만이 존재하며 타자가 존재하는 순간 스스로 무너질 두려움 앞에서 그녀들을 번번히 외로움과 소외에 몸을 떨게 만들지요.

서래는 그의 사랑이 끝나는 곳에서 사랑이 시작되었다고 말합니다. 마치 라깡의 "관계는 없다"라는 명제를 증언이라도 하

여자의 심리코드

듯 남녀 사이의 비켜감을 말하고 있습니다. 그녀는 허물어진 해준을 위해 스스로를 소멸하는 방식을 선택합니다. 그녀는 사라질 수 없는 욕망의 대상으로 사라짐으로써 그 안에 존재하게 되지요. 여자는 자신의 소멸로 인해 남자에게 완전한 존재로 남고, 남자는 여자의 사라짐으로 인해 그녀를 잃었지만 온전히 소유하게 됩니다. 이것이 팜므파탈 여성이 나아갈 수 있는 마지막 지점은 아닐까요.

일상에서 우리의 욕망은 언제나 사랑의 절정, 온전에 가까운 융합감, 하나됨을 꿈꾸지만 남녀의 생물학적 결합과 젠더적 결합에서도 그것은 결코 도달 불가능한 영역입니다. 그것은 상상계적 이미지로 매혹하는 판타지에 다름 아니니까요. 남성이 부분적 기관의 성적 만족에 몰입하는 동안 여성은 그 남성과의 관계를 절정감 안으로 끌어들이려 노력하지만 번번히 실패하고 맙니다. 결국 사랑의 완성은 파괴와 맞닿아 있고 이 파괴는 자신을 포기하도록 강제하며 그 맥락은 항상 그렇게 비켜갈 수 밖에 없습니다.

남자와 여자
그 닿을 수 없는 관계

여성이 관계를 중심으로
욕망을 실현하고자 한다는 것은
자신의 쾌락을 포기하기 쉽다는 말이다.

"강박증자에게는 생각하는 행위 자체가 성행위처럼 되는 것이다. 생각의 내용이 성적인 즐거움을 가져 오는 것이 아니라 (성적인 생각을 하는 것이 아니라) 생각하는 행위 자체가 성적인 즐거움이고 한 생각을 계속하여 결론을 이끌어 내는 것이 성적인 만족을 준다. 강박 신경증에서는 인지본능이 사고하는 과정과 연결되어 있어서 행동으로 분출되고자 헛수고하는 힘을 끌어들여 생각의 장으로 나오게 하는 데 아주 적합하다. 그것은 행동 대신 다시 생각을 준비하는 행동으로 바뀐다. 행동을 지연시키는 것은 생각에 붙들려 있는 것으로 대치된다. 사고의 과정이 강박적으로 되는 경우에 행동에 쓰여야 할 힘이 사고하는 데 사용된다. 힘이 그렇게 옮겨지는 이유는 정신 구조 내의 움직임이 상반되는 충동의 갈등 때문에 억압되기 때문이다. 사고 과정은, 보통 행동이 힘을 분출하거나 바깥 세상을 바꾸려고 힘을 쓰는 것보다 적은 힘을 쓴다. 강박적인 생각은 의식화되기 전에 변형되기 때문에 보호된다."

-프로이트, <쥐 인간> 중에서

40대 남성 철민 씨는 분석실에서 정교하게 다듬어진 언어로 논리적 모순 없이 이야기를, 그것도 자신의 이야기를 이어나가기를 좋아합니다. 분석가의 답을 기다리는 히스테리증자와 달리 그는 분석가가 끼어들지 않는 편을 더 좋아합니다.

사유에 사유를 이어나가며 때때로 자신의 말을 스스로 만족스러워하며 웃음을 짓기도 합니다. 그 모습은 마치 배우가 관객이 바라보는 무대 위에서 쉼 없는 독백을 읊는 듯 보이기도 했고, 어떤 시선 앞에서 자위행위를 하는 듯 보이기도 했습니다. 그러다가 불쑥 끼어들어 그 사유의 전개를 흔들어 놓는 지점이 발생하면 그는 길을 잃고 머릿속이 하얘졌다고 말하며 한동안 혼란스러워 합니다.

이렇게 사유 자체를 탐닉하는 것이 강박증자의 전형적인 특징이기도 하거니와 그와 관계 맺는 여성은 자칫 그의 사유 안에

간혀 숨 막히는 경험을 합니다. 결코 언어적 모순을 허용하지 않으며 그와의 대화에서는 언제나 설득당하는 선택만 있을 뿐입니다.

철민 씨의 멈추지 않는 사유는 외부 세계, 즉 관계에 대한 무관함과 방치된 감각으로 이어졌습니다. 시간이 갈수록 아이들과 아내의 일에는 한 발짝도 앞으로 나서려 하지 않는 그에게 그간 켜켜이 쌓였던 아내의 분노가 터져 나왔지만, 무엇을 어찌해야 할지 몰라 서성이다 다시 자신의 사유 속으로 들어가기를 반복합니다. 그의 무심한 태도는 의도와 달리 아내가 극심한 외로움에 몸부림치게 만들고 아내가 외로움에 몸부림치며 아귀다툼을 걸어올수록 그는 또 더 외로워집니다.

아내가 자신에게 접촉하기 위해 여러 가지 방법으로 다가올수록 그는 점점 더 홀로 존재하게 됩니다. 그의 소망은 가만히, 그저 자신을 가만히 내버려 두기를 바랍니다. 그는 아이들이 자라는 동안 학교에서 문제가 발생하면 항상 아내 뒤로 발을 빼고 가부장적인 모습을 보였습니다. 하지만 우리가 생각하듯 철민 씨가 그런 가부장적인 남성이어서가 아닙니다. 그저 가족을 위한 어떤 행위를 하지 않고 일어나는 현상을 사고 속으로 옮겨가 행동을 지연하고 유보했을 뿐이지요.

그러는 동안 현실적인 일 처리는 언제나 아내의 몫이 됩니다.

여자의 심리코드

아내의 눈에 그는 무책임하고 방관자이며 아이들의 아버지나 자신의 남편으로서는 형편없는 사람으로 점점 전락해 가고 있었습니다.

◖◗

관계의 간극은
왜 생겼을까

철민 씨의 안에는 타자가 존재하지 않습니다. 아내와 아이는 말 그대로 타자이고 그 타자는 저만치 자신을 흔들지 않는 존재로 있어야만 합니다. 조금이라도 자신의 세계, 자신의 시간이 다시 말해 자신의 사유를 흔들고 들어오는 일은 일어나서는 안 됩니다. 그것은 그에게 매우 자극적인 침범이니까요.

자신이 설정한 기준과 자신이 생각하는 범위 안에서 최선과 최선의 책임을 다하기에 그는 있는 힘을 다해 가족을 위해 헌신하고 살고 있다고 생각합니다. 타자의 도움을 필요로 하지 않고 성관계에 대해서도 별다른 흥미를 느끼지 않습니다. 혼자서 하는 자위행위로 충분하다고 생각하지요. 그는 타자와의 관계에 속해 있지 않은 오직 독립된 존재라고 스스로 생각합니다.

철민 씨는 어린 시절 어머니로부터 완전에 가까운 돌봄으로 성장했습니다. 말하기 전에 원하는 것이 준비되어 있고 욕구로부터 요구가 일어나기 전에 이미 어머니는 아들의 입에 충분한 음식을 넣어 주었습니다. 아들에게 어떤 요구도 하지 않았으며 아들이 무엇이 부족한지, 무엇을 필요로 하는지 한발 먼저 알고 준비했습니다. 간혹 아들에게 잔소리나 야단을 치려 하면, 이번에는 철민 씨의 할머니가 나서서 철민 씨의 어머니를 막고 손주인 철민 씨를 자신의 등 뒤로 숨겼습니다.

그렇게 자라온 철민 씨에게 불편함이라는 감정은 매우 이질적인 요소였지요. 그는 크게 일탈한 적이 없는 아이로 자라 성공한 변호사가 되었지만, 어머니나 가족을 만족시키기 위한 어떤 노력을 해 본 일도 없습니다. 언제나 자신을 둘러싼 사람들을 만나고 다시 자신만의 시간으로 들어가면 어떤 침범도 허용하지 않는 완고함으로 아내와 좁힐 수 없는 간극이 생겼습니다.

무의식 속 소녀와 소년은 만나야 한다

여성이 관계를 중심으로 욕망을 실현하고자 함은 자신의 쾌락을 포기하기 쉽다는 말이기도 합니다. 자기 쾌락을 포기하고 타자의 욕망이나 쾌락을 충족시키며 우회적인 방법으로 자신을 실현하고자 하기에 직접적인 자기만족을 취하려는 남성과의 관계에서 한계를 느끼며 더 나아가 분노와 억울함을 호소하기에 이릅니다. 여기서 그녀들이 쾌락을 완전히 포기한 것이 아니라 '우회적인 방식'으로 자신을 실현한다는 사실이 중요합니다. 결국 타자를 경유해 자신에게 돌아와야 한다는 말이지요. 그녀들이 한계와 분노를 느끼는 지점은 그것이 타자를 향하지만 결코 돌아오지 않는 메아리가 될 때입니다.

그의 결여를 허용하지 않는, 구멍의 상태를 인정하지 않는 강박적 사고가 유연해지기 위해서 정신 분석의 입장은 남성이 히스테리화되는 것이 변화의 시작이라고 말합니다. 그가 히스테리화되기 위해서 그에게 필요한 것은 지금까지 당연하다고 생각하고 결코 흔들리지 않으리라고 믿는 일상의 균열입니다.

균열이 발생해 분석실을 찾았지만, 균열을 인정하고 받아들이지 못하는 상태는 쉽게 흔들리지 않습니다. 분석가가 그에게 진정한 욕망의 원인으로 자리하지 못한다면 말입니다.

상대에게서 어린 소년을 만나지 않으면, 상대에게서 나약하기를 고집하는 어린 소녀를 만나지 않으면 관계를 더 넓게 이해하고 더 나아가 받아들이기는 어려워 보입니다. 소년과 소녀가 서로의 눈앞에 서지 않으면 남자와 여자는 결코 닿을 수는 없을 듯합니다.

그럼에도
사랑은 피어난다

> 사랑은 우리가 원하는 것은 아낌없이 퍼주고
> 대단한 사랑을 하는 것이 아니라
> 지극히 사소한 순간을 허용하는 것이 아닐까.

드라마 〈나의 해방일지〉에서 알콜 중독자인 남자 주인공 구씨에게 술을 사들고 가는 여자 주인공 염미정의 모습이 매우 인상적으로 기억에 남습니다. 드라마는 도시에서 소외된 지역에서 살아가는 평범한 가정의 막내딸인 염미정과 사회적 정상성에서 벗어난 구 씨가 보여 주는 사랑의 장면을 그립니다.

여기서 우리는 입버릇처럼 말하는 '현실'이라는 것에 대한 의문과 질문을 가져 보아야 한다고 생각했습니다. 그들은 도시와 세속이라는 욕망에서 배제되어 매우 소시민적이고 평범한 사랑을 꿈꾸는 듯 보이지만 오히려 그들의 사랑은 미처 날뛰는 현실

여자의 심리코드

을 벗어나 평범함을 꿈꾸는 온전한 사랑의 판타지를 보여 준다고 생각했습니다.

현실 속에서 여성은 자신의 파트너를 알콜 중독에서 빠져나오도록 독려하거나 닦달해야 사랑의 책임이나 의무를 다한다고 생각합니다. 그러나 드라마에서는 사랑의 이름으로 대상의 증상을 제거하려 들거나 침범, 요구, 통제하려 하지 않고 증상 그대로를 존중하고, 한 주체를 전혀 침해하지 않는 태도를 보였습니다. 저는 이 지점을 매우 정신 분석적인 접근으로 보았습니다. 상대를 있는 그대로 받아들이는 모습은 흡사 정신 분석가가 소파에 앉아 온갖 증상을 호소하는 내담자를 바라보는 모습과 같은 모습이었지요.

'네가 어떤 사람이든 어떤 혐오스러운 증상을 가졌든 그것보다 너의 존재가 중요할 뿐이야'라고 말하는 듯 말이지요. 누군가는 중독에 빠져 스스로를 망가뜨리는 모습을 가만히 지켜보는 것이 사랑이냐고 반문할 수도 있겠습니다. 그냥 가만히 지켜본다고 사랑은 아니겠지요. 그렇다고 사랑의 이름으로 상대를 돕기를 자처한다고 해도 우리가 타자인 대상에게 할 수 있는 한계가 분명 존재합니다.

구 씨가 그녀를 떠날 때 그녀에게 묻지요. 화가 나지 않느냐고요. 갑작스럽게 자신이 떠나려 할 때 아무런 저항도 원망도 하지 않는 그녀의 모습에 그는 답답한 듯 되묻지요. 화가 나지 않느냐고요. 그녀는 "서운하지만 화가 나지는 않아"라고요. 그녀의 매우 수동적 능동성을 보여 주는 장면이었습니다.

있는 그대로
받아들이는 사랑

전작에서도 '수동적 능동성'에 대해 언급했지요. 제가 무척 좋아하는 말이고 제 삶의 중요한 지표로 삼는 말이기도 합니다. 매번 새롭게 재해석될 수 있는 화두로 늘 저와 함께 있습니다. 주로 수도원에서 신학이나 영성 훈련 때 나오는 말이기도 하지만 이것을 정신 분석적인 태도로 다시 풀어보고 싶습니다.

상대에게 자신의 요구를 끝까지 포기하지 못해 악을 쓰거나 내가 원하는 네가 되어 주지 않는다고 집요하게 물고 늘어지며 울부짖지 않고, 모든 판단과 개입을 멈추고 그냥 상대를 받아들이는 행위이지요. 이것이 '수동적 능동성'입니다. 이 수동적 능동성을 발휘하기 위해서는 한 주체가 눈앞의 대상에 우선해 자기 자신과 얼마나 치열하게 싸워야 하는지, 그래서 결국 자아 스스로의 욕망을 포기하고 상대를 있는 그대로 받아들여야 하

여자의 심리코드

는지를 말합니다.

 우리는 입버릇처럼 '있는 그대로 받아들이기'를 말하지만 우리가 보는 세계가 있는 그대로가 아닌데 그냥 받아들이면 마치 그렇게 될 것처럼 멋 부리는 말이기도 하지요. 우리 눈에 보이는 것이 있는 그대로일 수가 없습니다. 나의 욕망이 투사되지 않고 세계와 나를 분리해 하나의 공간을 그 사이에 두지 못한다면 있는 그대로라는 말은 요원한 환상에 불과합니다.

 그런 의미로 충동을 포기한다는 말은 어쩌면 온전히 자신을 포기하는 영웅적 행동에 가깝습니다. 어떤 사람은 여자 주인공 염미정의 사랑의 방식을 보고 '구도'에 가깝다고 이야기하더군요. 맞습니다. 부모 자식의 서사도, 연인 사이의 서사도 결국 자기로부터 벗어나지 못한다면 도로 자기 지옥에 빠져버리고 마니까요.

 관계 맺음은 타자가 타자가 되도록 허용하고, 결국 자기 구도에 가까운 수동적 능동성에 대한 고민을 하도록 요청합니다. 그 상태에 도달하지 못한다면 결코 사랑을 할 수 없는 것은 아닙니다. 달성해야 할 과업의 차원보다는 그 과정의 깊은 고민이 중요하니까요. 우리가 결코 그 어느 지점에 도달할 수 없다고 해도 그럼에도 우리는 사랑하기를 멈출 수는 없습니다.

극 중의 염미정처럼 모든 것을 수용하는 분석가 같은 태도로 사랑을 하거나 받아들일 수는 없어도 사랑하기를 포기할 수는 없습니다. 그럼에도 우리는 멈출 수 없고, 그럼에도 살아 있는 동안 삶은 계속되니까요. 그럼에도 결코 나 자신을 포기할 수 없는 이유이기도 합니다.

우리가 원하는 것은 아낌없이 퍼주고 대단한 사랑을 하고, 많은 사람들에 둘러싸여 원만하고 충만한 삶이 아니라 지극히 작은 순간의 접촉, 지극히 사소한 순간을 허용하는 삶이 아니겠는지요. 그 작은 순간을 가슴에 붙들고 일생을 살아가는 삶이 아니겠는지요. 우리가 '그것'으로부터 벗어날 수 있는 길은 그것을 '온전히 받아들이는 것'밖에는 없습니다.

나에게
신경 쓰는 기술

5장

여자의 심리코드 4.
자존

여자는 없다

여성이 말하기 어려운 어떤 것을 가졌다면
그것은 선명한 남성적 질서로 돌아가는 세계, 담론, 언어로
결코 분절되거나 포획할 수 없는 상태이다.

"여성이란 숨는 곳, 무엇인가를 감추는 것이라 상정함으로써 여성
성에 관한 진정한 질문을 구성하는 것이 무엇인지에 대해 오해하
고 있다."

- 세르쥬 앙드레

나의 파트너의 모든 것을 알고 통제하고자 하는 강박 구조의
남성들이 있습니다. 그들은 자신이 모르는 것을 그녀가 가졌다
고 견딜 수 없어 하지요. 그가 모르는 그녀가 가진 것은 단순하
게 말하면 쾌락인데, 쾌락은 그가 이해할 수 없는 모호한 형태

의 향유로 나타납니다. 그녀조차도 그것이 쾌락인지 모른 채 유지하면서 모호함과 불투명성으로 인해 남편이나 연인으로부터 추궁이나 오해, 의심을 사는 경우도 있습니다. 이것은 남성 정신 분석가와 여성 내담자 사이에서도 종종 일어나는 양상으로 보입니다.

강박적 구조의 남성 분석가들은 자신 앞에 앉아 있는 여성 내담자가 자신 앞에 모든 것을 솔직하게 드러내지 않으면 솔직하기를 요구하는 경우가 있습니다. 자신들이 가늠할 수 없는 어떤 불투명함을 의뭉함이나 은밀함으로 인식하며 그것이 마치 무의식의 어두운 음모인 양 모든 것을 투명하게 드러내지 않는다고 지적합니다.

정신 분석은 자기 자신에게 가장 솔직해지기 위해 분석가 앞에서 자신을 여과 없이 드러내는 작업이 분명합니다. 그럼에도 여성이라는 존재, 여성 정체성의 본질인 모호함, 불투명함, 여성이 무엇을 감추는지 알지 못합니다. 이 사실은 단순히 심리학적 관점에서 무언가를 은폐하고 무의식이 은밀한 욕망을 감춘다는 섣부른 판단을 강박증자에게 불러일으키지요.

여자가 누구인지, 여성성이 무엇인지에 대한 깊은 탐색과 진지한 의문이 없기 때문에 일어나는 현상입니다. 감추고 있는 무언가를 무의식의 은밀함으로 가장하기 위함이 아니라 '여성성'

이라는 본질이 말할 수 없는 절대적인 공백을 포함하기 때문입니다. 그 공간을 분석가가 존중하고 보존하면서 있는 힘을 다해 말할 수 없는 어떤 것을 말할 수 있도록 이끌어 가는 역할이 분석가가 할 일입니다.

여성이 말하기 어려운 무엇을 가졌다면 그것은 선명한 남성적 질서로 돌아가는 세계, 담론, 언어로 결코 분절되거나 포획할 수 없는 상태를 말합니다. 다시 말해 팔루스적 향유가 포획하지 못하는 여성 특유의 향유가 있다는 말입니다. 강박적 구조가 결코 이해할 수 없는(이해하려 들지 않는) 향유이고 그 맥락에서 "남성이 여성(여성의 향유)을 질투한다"라는 라깡의 말은 이해됩니다. 그런 의미로 진정한 분석가는 남성도 여성도 아닌 채로 존재해야 하는 어렵고 불투명한 지대에 놓여 있습니다.

◖●

나는 지금 어디에
있는 것일까

민애 씨는 밤이 찾아오면 무엇에 홀린 것처럼 냉장고 속의 술을 꺼내 들고 창가에 걸터앉아 담배와 함께 구토가 올라올 때까지 맥주를 들이킵니다. 어느 때는 끝없이 온라인 쇼핑몰에서 옷을 주문하며 폭식하듯 옷이라는 이미지를 흡입합니다. 그녀에게 찾아든 밤이 그녀를 집어삼킬 것처럼 몰아세울 때는 무엇을 어찌해야 할지 몰라 자신의 방 안을 서성이고는 합니다.

민애 씨는 이미 장성한 아들이 있는 어머니입니다. 결혼 후에도 직장을 쉬어 본 적 없고 딸을 낳고도 퇴직에 가까운 지금까지도 일해 왔습니다. 일이 힘에 부쳐 그만 두고 싶은 순간이 무수히 많았지만 그것만큼은 붙들고 있어야 할 듯한 절박함이 있었습니다.

때가 되면 당연히 결혼해야 한다고 여기면서 결혼했고, 그 결혼생활에 최선을 다했지만, 남편이라는 대상에게 주의를 기울이거나 관심을 갖지는 못했다고 말합니다. 때가 되면 당연하다고 여기며 아이를 낳았고 양육에 최선을 다했지만, 끓어오르는 모성이나 애틋함을 경험하지는 못했다고 말합니다. 어떤 것에도 강력한 결속감을 느끼지 못하며 살아가는 자신이 늘 부적절하게 느껴지고 잘못된 사람이라는 생각을 떨치지 못하며 여러 가지 죄책감을 짊어지고 살아온 시간이었습니다.

그녀에게 정말 어떤 치명적인 문제가 있는 것일까요? 아이는 성장을 해서 자신의 일을 찾았지만, 여전히 부모 주변을 서성이고 있습니다. 남편과는 이제 경제적 여유도 생기고 시간적 여유가 생기면서 원만하게 지내는 듯 보이지만, 그녀는 이 모든 것이 그저 '쇼윈도 부부'에 불과하다는 느낌으로 살고 있습니다.

여자의 심리코드

남편은 늘 자신의 울타리에 온전히 포획되지 않는 듯한 아내에게 불만을 토로했고, 자꾸만 빠져나가는 그녀를 답답해했습니다. 아이라는 강력한 볼모로 그녀에게 죄책감과 책임감을 요구하며 더 좋은 아내, 더 좋은 엄마가 되기를 요구했지만 그럴수록 남편에게서 멀어지는 그녀를 발견했지요.

딱히 가정 이외에서 다른 관계를 맺거나 나쁜 짓을 하지도 않았지만 늘 그녀는 어떤 나쁜 짓을 하고 있다는 느낌을 지울 수 없었습니다. 자신이 딸과 남편을 불행하게 만드는 듯해서 죄책감도 무겁게 안고 살았지요. 그녀는 사회나 가정이 요구하는 역할에 최선을 다했지만 단 한 번도 그 역할과 요구를 자신과 동일시하지 못한 채로 철저히 자신만의 시간과 공간속에 있었습니다. 그녀는 어디에 있었을까요? 스스로도 이유를 모른 채 자신만의 공간 안에서 한 발짝도 나오지 않고 말입니다.

저는 그녀의 지난한 서사를 들으며 한 편의 소설을 듣는 듯했습니다. 무엇보다 타자와 주변을 소외시키고 스스로도 소외된 채로 살아왔던 그녀가 가족이나 사회적 테두리를 벗어나지 않고 살아온 것, 아니 살아낸 것에 놀라움을 느꼈습니다. 그토록 강력한 내적인 충동의 힘에도 테두리 안에서 버텨 낸 그녀에게 놀라움을 너머 기이함마저 느꼈습니다.

선녀는 날개옷을
입어야 한다

아이가 있다고 모두가 부모가 되지는 않습니다. 부모가 될 수 있는 내가 아니라고 저주받은 나쁜 인간은 더욱 아닙니다. 사회나 거대한 가족주의 담론이 요구하는 내가 될 수 없다고 죄가 되거나 나쁜 인간은 더더욱 아니기 때문이지요. 항상 저 너머의 어느 곳을 향하면서도 어딘가로 사라져 들어가지 않은 그녀의 버팀이 저리도록 애처롭기까지 했습니다.

상징계의 견고한 법이 아무리 그녀를 죄어 와도 결코 그 법의 범주에 속할 수 없는 여성들이 있습니다. 오히려 내가 어떤 부모인지, 어디까지 할 수 있는 부모인지를 좀 더 빨리 알아차리고 한계를 인정하고 받아들이는 시간이 있었다면 그녀의 그 시간들이 조금은 덜 지난하고 덜 고통스럽지 않았을까 싶습니다.

그녀의 이야기를 들으면서 나무꾼과 선녀가 떠올랐습니다. 선녀와 나무꾼이 서로를 사랑하고 다복한 가정을 꾸렸지만, 선녀에게는 자신을 가장 자신답게 만들었던 날개옷에 대한 그리움과 갈망이 있었지요. 설화에서야 아이들을 끼고 하늘로 올라갔고 우리 설화들이 그렇듯 나무꾼을 하늘나라로 불러 올려 그들은 잠시 짧은 만남을 가집니다. 하지만 선녀가 어떤 행복한

여자의 심리코드

조건과 환경에도 결코 해결할 수 없는 자신만의 날개옷이 있었다는 점이 중요합니다. 그 날개옷을 입고 올라갈 곳이 명확한 하늘나라가 아니라는 점이 많은 여성들이 겪는 난감함이지요.

그녀는 50대가 다 저물어 가는 끝자락에서 날개옷을 꺼내어 만지작거리고 있습니다. 어디로 날아 갈지 알 수가 없어 선뜻 그 옷을 입지 못합니다. 그것이 진짜 날개옷인지, 입어도 되는지를 두려워합니다. 어쩌면 설화에서처럼 아름다운 하늘나라가 아니라 더 곤궁하고 처연한 어떤 빈 곳일지도 모를 일이지요. 그럼에도 저는 그녀가 날개옷을 입기를 소망했습니다. 앞으로 어떻게 될지에 대한 불안은 세계가 우리를 통제하기 위한 강력한 기제일 뿐이니까요.

어머니로서 결코 행복해질 수 없는 여성들도 있습니다. 이미 아내가 되었지만 아내로서 결코 행복해질 수 없는 여성들도 있습니다. 모성은 여성의 천성이고 근본이라고 알고 있기에 그렇지 못한 자신을 발견하며 죄책감에 시달리는 여성들이 있지요. 모든 여성이, 모든 남성이 사회나 가정이 요구하는 그 역할과 이미지에 자신을 포기하며 살아갈 수 있는 것은 아닙니다. 그리고 그 이미지에 적합한 내가 아니라는 사실이 단죄되어져야 하는 일도 아닙니다. 다만 내가 어떤 사람인지를 조금 더 섬세하고 면밀하게 알아차릴 수 있다면 좀 더 다른 조치들을 내 삶과 주변에 취하며 살아갈 수도 있겠지요. 사회적 압력으로부터, 타자의 압력으로부터 내가 그들과 조우할 수 없는 어떤 부분이 있다는 점을 조금 더 빨리 받아들이면 더 좋을 것 같습니다.

또한 모성 지극한 어머니가 아니어서 그렇다고 자녀들이 모두 불행해지지는 않습니다. 사랑 가득한 아내가 아니어서 남편이 불행해지지도 않습니다. 우리가 타자를 책임질 수 있는 데도 분명 한계가 존재하기 때문입니다. 어떤 삶의 형태를 취해도 우리는 또 거기서 우리 자신만의 진리를 만들며 길을 만들 수 있습니다. 언제나 어떤 방향으로도 길은 있기 마련입니다.

끝나지 않는 애도,
끝낼 수 없는 애도

자기 연민에 의한 퇴행이 아니라
회복할 수 있는 시간이 올 때까지 무용한 채로 머물러 있는
자신을 비난하지 않고 허용할 수 있어야 한다.

수지 씨는 우수한 학생이었습니다. 특목고를 졸업하고 해외 명문대를 졸업했습니다. 우수한 성적으로 졸업하고 대기업에 들어갔지만 어느 순간 모든 것이 정지되고 그런 자신을 견딜 수 없어 상담실을 찾았습니다.

1퍼센트의 우수한 학생들은 그것을 자부심으로 삼고 승승장구하기도 하지만 어느 순간 삶의 정체를 경험하며 한 발짝도 내딛을 수 없는 상황에 놓이기도 합니다. 그들의 우수한 머리는 축복인 동시에 재앙이기도 합니다. 너무 일찍 소진한 집중과 열의는 그들에게 성취와 성공을 안겨 주었지만 성취와 성공이 그

들의 내적인 만족에 전적으로 기여하지는 않습니다. 그것을 유지하고 싶을 만큼의 기쁨을 지속적으로 줄 수도 없습니다.

타자의 욕망에 온전히 자신을 내어 주고 그 욕망과 동일화를 이루어 승승장구하며 행복하게 살아가는 듯한 사람들도 많습니다. 그들 스스로도 의심 없이 행복하다고 믿기도 합니다. 그것이 잘못되었다고 할 수 없습니다. 하지만 그렇게 행복해 보이는 그들도 결코 채울 수 없는 구멍으로 공허와 지난함에 시달리지요. 그 공허와 지난함은 우리에게 기상천외한 증상으로 나타나기도 합니다.

❖

몸에 통증은 왜 생겼을까

삶의 성장과 속도가 멈춘 시간, 그 시간은 타자의 욕망을 멈춘 그들 자신의 마지막 진리를 외면하지 못해 서성이는 시간입니다. 누구보다 자신의 진실에 더 접근해 있는 시간이지요. 그들의 멈춘 시간은 애도의 시간입니다. 무력하고 무기력하다고 비난받아야 할 시간이 아니라 조심스럽게 존중받아야 하는 시간입니다. 욕망하고 꿈꿨던 자신만의 잉여를 빼앗긴 사람들의 시간이지요.

수지 씨가 자신의 삶에 바짝 다가가지 못했던 이유는 아무것도 하기 싫은 나약함이 아니라 잃었던 자신을 보내지 못해 잃어버린 시간을 애도하며 서성였기 때문입니다. 수지 씨는 그 사실을 알고 한없이 슬퍼했습니다. 아쉬움 없이 다 가졌음에도 스스로도 왜 행복하지 않은지 의아했는데, 한 번도 자신을 위해 제대로 슬퍼하지 못했다는 사실을 깨달았지요.

수지 씨는 쾌락의 차원에서 반복적으로 일어나는 자기 연민이 아닌 자신을 바라보는 또 하나의 명료한 시선으로 스스로를 애도했습니다. 세상의 판단들이 물러나니 과거의 그 똑똑한 여학생이 무엇을 잃었는지를 서른이 훌쩍 넘은 여성의 눈으로 바라보게 되었지요.

수지 씨는 항상 아픕니다. 크게 앓는 일은 없지만 미세한 통증과 사소한 질병들은 늘 수지 씨를 따라다닙니다. 아주 조그만 신체의 불편이라도 느끼면 바로 병원을 찾아가 이것저것 주치의와 논의하고 처방을 받지만 늘 별 문제는 없고, 어느 때는 아무런 문제가 없다고 듣기도 합니다. 분석을 받으면서 수지 씨는 자신의 몸에 이상이 없다는 사실이 잘 믿겨지지 않는다고 했습니다.

수지 씨는 잉여분의 에너지, 공허한 내적 시간을 어떻게 처리할지 몰라 그 에너지를 온통 몸에 쏟고 조그만 현상에도 바로 반응했지요. 그 반응과 접촉할 때 자신이 접촉하고 있을지 모른다는 제 말이 이해되면서도 받아들여지지 않는다고 말합니다. 몸에는 아무런 이상이 없다는 주치의의 이야기가 마치 제 말의 방증이라도 되는 것 같아 더 받아들이기 힘들다고 말합니다. 몸이 왠지 자신을 배반하는 듯 느껴지기까지 한다고 했습니다.

타자의 욕망에 충실한 시간을 보낸 많은 이들은 더 이상 그 욕망들로부터 스스로가 압도되지 않고 거리를 두는 방식으로 자신의 시간을 무력하게 만들기도 합니다. 그 와중에 찾아드는 공허와 상실의 공간, 시간은 신체를 향한 통증이라는 미세한 접촉으로 채워지기 일쑤입니다.

한국에서 명문대를 나오거나 해외의 명문대를 나왔거나 다니는 사람들 중에는 자신들이 쓸 수 있는 에너지를 초과해서 사용하는 경우가 대부분입니다. 명문대를 들어가 공부하는 일이 그들의 선택처럼 보이지만 그것은 꽤 전형적인 타자의 욕망이지요. 부모라는 타자의 욕망조차도 결국 사회적으로 타자의 욕망에 휩쓸린 것이니 결국 세속의 욕망일 뿐입니다.

◖●

나를 위해 남겨둔
삶의 에너지

우리는 세속적 인간이지만 인간은 세속적 욕망으로 모두 설

명할 수도 이해할 수도 없습니다. 부모의 욕망과 아이의 역량이 시너지를 일으키며 모든 것이 잘 되는 듯 보였는데, 어느 지점에 도달해서 아무것도 하고 싶지 않거나 하려 하지 않는 경우가 생깁니다. 모든 것을 쏟아부어 눈부신 성취와 목표를 이루었는데도 주변에서는 이렇게 다그치지요. 그렇게 좋은 학벌과 역량을 가지고 무기력하게 지내면 안 된다고요.

지지하고 독려하는 듯 보이지만 우리가 가진 자원을 어떻게든 사용해 생산성을 가지라고 밀어부칩니다. 정말 아무것도 하고 싶지 않은데, 역량을 묵힌다는 주변의 판단이 더해져 거기에 죄책감까지 얹히면 참으로 막막합니다.

중학교 3학년인 딸아이가 공부하는 모습을 지켜보면서 매우 흥미로운 점을 발견했습니다. 아이를 가만히 관찰해 보면, 성적을 올리고 싶어 하면서도 자신이 쓸 수 있는 에너지를 결코 모두 쓰지 않았습니다. 가령 90점 이상을 받고 싶지만 항상 85점대를 받을 수 있는 데까지만 힘을 썼습니다. 자칫 아이들의 학습 역량과 관련 있는 듯 보이지만 제 눈에는 그렇게 보이지 않았습니다.

아이가 집중력이 없어서가 아니라 90점 100점까지 점수를 올리는 데 에너지를 모두 쏟아내고 싶지 않은 일종의 잉여분의 에너지를 남겨 놓으려는 고집 또는 충동을 포기하지 않는 모습으로 보였습니다. 돌이켜보면 저도 그랬던 듯합니다.

정말 지능이나 인지적인 문제가 있는 경우가 아님에도 성적이 좀처럼 오르지 않는 데는 보이지 않는 다른 이유가 있을 수 있습니다. 잉여분의 에너지는 표면적으로 집중하지 않는 모습으로 보이기도 하고 게으르게 보이기도 하고 여러 부정적인 모습으로 비춰집니다. 그렇게 자신이 의식적인 목표로 삼는 지점까지 결코 도달하지 못하는 아이를 닦달해서 목표치에 도달하도록 만드는 것이 한국의 교육이고 사교육의 목표이지요.

부모인 저도 간혹 마음이 급해질 때가 있지만 그럴 때는 아이를 닦달하기보다는 그쪽으로 쏟는 관심과 에너지를 차단하는 편입니다. 아이가 공부에 온전히 집중하지 못하는 나머지 15퍼센트의 에너지가 결국 아이의 미래를, 삶의 만족을 결정할 것이기 때문입니다.

●

나에게
관대해지는 연습

제 딸아이가 결코 사용하려 하지 않는 잉여분의 에너지는 언어화할 수 없는 시간과 공간 안에서 자신만의 쾌락을 탐닉하는 과정입니다. 향유이지요. 이때 향유는 눈에 보이는 즐거운 유희가 아니라 언어화할 수 없는, 가시적으로 정확히 말할 수 없는 어떤 시간, 어떤 쾌락입니다. 이 쾌락은 대부분의 인간이 시간과 에너지를 타자의 욕망을 향해, 타자의 욕망으로 살아가는 중에 유일하게 존재가 소외되지 않는 시간이기도 합니다. 가족으로서 그 시간을 가만히 지켜보고 기다리는 일은 무척 난감합니다. 충분히 성취할 수 있는 가능성을 날려버리는 듯한 시간을 불안해하며 견디지 못하는 존재가 바로, 가족이니까요.

좋은 성적과 성과를 내는 학생들이 단순히 에너지를 다 소진해 버렸다는 말은 아닙니다. 그들이 에너지를 사용하는 과정에서 어느 정점에 이르러 스스로가 원하는 일을 하고자 하고 할 수 있을 때가 왔음에도, 무의식적 저항과 두려움으로 스스로를 정지시킨다는 점이 문제이지요. 일종의 트라우마 같은, 그것이 얼마나 힘겨운 인위적인 싸움인 줄을 모른 채 소비되었다는 사실을 모른 채 말이지요.

마치 플래시백처럼 몸이 기억하는 고통과 철저한 소외를 경험한 사람들을 만납니다. 그들은 다시 자신을 소진시키는 그 어떤 것으로도 들어가고 싶어 하지 않지요. 그럼에도 자신들의 지난 시간을 충분히 애도하기에 앞서, 멈추어 있는 자신들을 다시 닦달하고 비난하는 목소리와 시선으로부터 스스로를 관대하게 놓아두려 하지 않습니다. 그들은 여전한 대타자의 목소리로 스스로를 끝없이 비난하며 멈추어 있습니다.

하지만 우리는 자기 연민에 의한 퇴행이 아니라 회복할 수 있는 시간이 올 때까지 무용한 채로 머물러 있는 자신들을 비난하지 않고 허용할 수 있어야 합니다. 그러기 위해 인내를 가지고 허용하고 견디어 주는 시선 또한 필요합니다.

성장과 성숙, 발전이라는 세속적이고 이상적인 담론이 우리를 한시도 가만 두지 못하고 압력을 가하는 세상에서 도태를 두려워하며 끌려가기보다 어느 시점에서 어떻게 멈추어야 할지 고민해야 합니다.

개인이 자신이 살아온 지난 서사를 대하는 태도는 매우 다양합니다. 지우고 싶은 과거는 기억에서 깊숙이 밀어 넣어 마치 없었던 일처럼 폐쇄시키는 경우도 있고 어떤 기억은 끝없이 소환하며 곱씹고 곱씹으며 그것에 매달려 있는 경우도 있지요. 이 모든 과정이 하나의 애도입니다.

아무리 열심히 하고 성과를 내었어도 그 시간들 속의 내가 결코 나에게 좋은 기억으로 다가오는 내가 아니라면 지우고 싶은 시간이 되고 맙니다. 도무지 좋은 느낌으로 회고할 수 없는 나라면 어떤 성과나 역량을 발휘했더라도 그 속의 나를 다시 만나고 싶지 않아집니다.

그런 나를 냉혹한 세상의 기준이 아닌 아주 조금만 더 관대한 시선으로 얼마나 기다리고 견디어 줄 수 있나요? 멍청이라고 스스로의 머리를 쥐어박지 않으면서 무용해도 괜찮도록 놓아 둘 수 있나요?

무의식을
들여다보는 연습

어린 시절에 경험한 강렬한 자극은
유쾌한 경험이든 불쾌한 경험이든 지속적으로
무의식적인 반복을 일으킨다.

분석실을 찾는 사람들은 무의식의 진리를 알고 싶은데 마음 속 어느 깊숙한 곳에 꽁꽁 숨어 있어서 어딘가에서 그것을 발견하기만 하면 내 고통과 삶의 엉킨 고리들이 순하게 풀려가지 않을까 하는 소망을 안고 방문합니다. 그런데 그것은 말 그대로 '환상'이지요.

환상은 라깡의 표현을 빌리자면 온갖 주관적 의미로 채워진 이미지의 상상계 속에 있습니다. 우리 무의식의 진리는 어딘가에 숨어 있지 않고 표면 위에 있습니다. 표면 위에서 우리의 반복되는 행위와 언어들, 그리고 증상을 통해 선명하게 드러내고

여자의 심리코드

있습니다. 단지 본인만이 그것을 알아차리지 못하는 두더지 게임을 하고 있는 것이지요. 무의식의 진리, 우리 자신의 근본적인 진리는 어느 대단한 통찰과 형태로 숨어 있지 않고 지극히 사소한 우리의 움직임, 습관, 사유하는 방식 속에 있습니다. 하이데거가 이런 말을 했다고 합니다.

"진리는 스스로를 숨길 때 자신을 가장 잘 드러낸다."

일탈하거나 가정의 규칙, 사회의 규칙을 어기지 않고 성실하게 살아온 사람들에게 배우자의 외도나 뜻하지 않은 고통이 닥칠 때는 그 사실을 받아들이기 더욱 어려운 일입니다. 그들은 법 없이도 잘 사는 사람들인데, 잘못한 것도 없는데, 나쁜 짓 한 것도 없는데, 심지어 배우자에게 성실과 최선을 다했는데 왜 이런 고통이 나에게 주어지는지를 납득하기 어려워하며 고통스러워합니다.

찬찬히 대화를 이어가다 보면 비교적 공통적으로 발견되는 특징이 하나 있습니다. 내가 선한 사람이고, 좋은 사람이라는 확신입니다. 그들의 신념에는 좋은 사람과 나쁜 사람이 명확하게 나뉘며 나는 결코 나쁜 일(위법)을 하거나 나쁜 의도를 가진 사람이 될 수 없다는 확신입니다. 이들이 가진 확고한 신념은 이분법적이고 단순하여 복잡하고 여러 층위로 이루어진 무의식의 존재를 부정하는 듯 보이기까지 합니다.

●

욕망의 무의식에 누가 앉아 있나

현수 씨는 아내가 화를 내면 바로 수긍하고 자신의 의견과 의지를 철회하며 안전하고 화목한 가정을 만드는 데 충실합니다. 그는 아내와 가정을 위해 모든 것을 포기했다는 확신에 차 있습니다. 아내의 안색을 살피고 그녀를 화나게 하지 않기 위해 알아서 모든 일을 처리하는 모습은 타인들의 눈에 다정한 남편으로 그려졌습니다.

그러던 어느 날 아내가 이혼을 요구해 오자 도무지 납득할 수 없는 분노와 이해할 수 없는 혼란이 닥쳤습니다. 그가 아내로부터 헤어짐을 요구받은 데는 단순히 남성적이지 않아서가 아니었습니다.

어린 소년의 환상은 아버지로부터 지배되고자 하는 여성적 충동을 동시에 가지고 있습니다. 유아가 태어나서 일정 기간(젠더를 받아들이기까지)이 되기까지는 소년과 소녀의 구분이 없습니다. 소년이 자라면서 아버지와의 동일시를 통과하기 전 과도하

여자의 심리코드

게 어머니와 유착되거나 밀착, 또는 어머니(여성)에 대한 두려움과 압도감에 지배된 경우 적극적으로 아버지로부터 지배되는 환상과 상상적 충동에 사로잡힐 수 있습니다.

여성이 어머니와 애증의 관계라면, 남성에게 어머니는 원초적 두려운 대상입니다. 이때 두려움은 어머니의 개인적인 성격이나 성향을 말하는 것이 아니라 미지한 다른 성에서 오는 두려움을 말합니다. 아들이 어머니를 향한 애착과 연민, 그 깊은 이면에는 두려움이 존재합니다. 단순히 남성들이 어머니에 대한 연민과 애착에서 그들의 어머니를 보호하거나 그 모자관계에서 떨어져 나오지 못함이 아니지요. 그들이 가진 여성, 어머니라는 존재와의 밀착이나 애착관계는 떨어질 수 없는 두려움이 존재합니다.

현수 씨는 자신이 두려워했던 어머니라는 여성적 욕망과의 동일시 안에서 아내를 남성적 위치로 끝없이 위치시키고 있다는 사실을 몰랐습니다. 그가 어머니와의 동일시를 통해 어머니를 향한 두려움을 상쇄하거나 극복해내려 했다는 사실도 말입니다.

아내가 남편과 관계에서 한계에 이르며 관계 밖으로 탈출하고 싶어 하는 이유는 적어도 그녀의 여성성을 어떤 방식으로든 회복하고자 하는 노력처럼 보였습니다. 원하지 않는 지배자의 위치에 그녀를 놓으려고 하는 남편으로부터 벗어나고 싶었겠지요. 가끔 영화를 보면 남성들이 여성을 학대하는 위치에 놓고 자신들이 채찍을 맞는 고통을 자처하며 성적 유희를 즐기는 경우를 봅니다. 이는 도착의 한 유형으로 특정한 사람들에게만 일어나는 양상이 아니라 완곡한 여러 가지 방식으로 일상의 남녀 관계 안에서도 발견될 수 있습니다.

불행히도 충동은 반복된다

현수 씨는 자신이 충실하고 성실한 남편, 다른 사람은 쳐다보지도 않는 좋은 사람이라는 확신에 차서 아내와 자신의 구조가 어떻게 작동하고 있는지 몰랐습니다. 오직 착한 나를 배반하려는 아내를 붙들어 놓아야 했고 그 아내를 붙드는 일에 전문가의 전략을 필요로 했습니다. 부부의 역동 아래로 움직이는 성 충동의 지대는 어린 현수 씨, 즉 어린 소년의 충동을 중심으로 흘러가고 있었는데 말이지요.

무서운 어머니에게 복종하며 매우 가까이 지냈지만 제대로 어머니에 대한 사랑이나 애정을 느끼지는 못한 어린 현수 씨는 어머니와의 육체적 밀접함 안에서 자신도 이해하지 못하는 두려움과 쾌락의 충동을 함께 경험한 듯 보입니다.

여기서의 충동은 어머니를 향한 충동이 아니라 어머니와 동일시된 아버지를 향한 충동을 말합니다. 아내를 아버지의 자리에 올려놓고 현수 씨 자신은 지배받는 어머니의 자리에 앉아 욕망과 충동에 몰두해 있을 뿐이지요. 이토록 어린 시절에 경험한 강렬한 자극은 유쾌한 경험이든 불쾌한 경험이든 지속적으로 무의식적인 반복을 일으킵니다.

꺾이는 언어,
꺾이는 마음

타자의 언어를 수용한다는 것은
타자를 내 안에 받아들이는
사랑의 차원으로까지 나아가게 한다.

부부나 연인은 매일 가장 가까이에서 접촉하고 그 접촉은 무엇보다 대화 즉 언어를 주고받으며 이루어집니다. 육체적 접촉과 스킨십이 매우 중요한 부분을 차지하지만 긴밀한 육체적 관계가 없어도 사이가 좋은 부부들이 있습니다. 그들은 언어적 교감과 교류가 비교적 원활합니다.

대화가 잘 되는 것과 서로의 언어를 이해하고 알아듣는다는 것은 좀 다른 차원입니다. 요즘은 대화법이나 소통법 등이 매우 잘 되어 있다고는 합니다만 말하는 기술을 세련되게 연마하고 부드럽게 해야만 언어적 교감이 이루어진다고 보지 않습니다.

언어적 교감이나 언어가 서로에게 가서 닿는다는 뜻은 우리가 흔히 이야기하는 소통의 차원을 넘어서기 때문입니다.

이를테면, 아내나 여성이 어떤 이야기를 할 때 우선 한번은 '꺾고 부정하는' 패턴을 보이는 남성들이 있습니다. 전체적으로 보면 크게 사이가 나쁘진 않은데 매일의 사소한 대화 패턴 안에서 밀어냅니다. 예를 들면, 어떤 의견을 내세울 때, "당신이 제대로 알고나 하는 말이야?"처럼 우선 부정하고 보는 말이지요. 이러한 남성의 대화 습관으로 인해 스트레스나 심적 고통을 호소하는 여성들이 있습니다.

여성 입장에서 습관적으로 느껴지는 남성의 꺾는 행위나 부정적인 말은(밀어내는 언어 속에서) 여성 자신의 존재가 부정당하는 느낌마저 가지게 하는 요인이지요. 강박적 구조의 남성들이 꽤 많이 보이는 언어 특성이라고는 하지만 그렇다고 이러한 남성들이 여성이나 아내를 전적으로 부정하거나 싫어해서 생기는 현상은 아닙니다.

남성의 입장에서 아내라는 존재를 부정하기 위해서 꺾는 언어를 쓴다고 보기 어렵지만 그들의 언어가 타자를 받아들이지 못하는 강박 구조로 구조화되어 있을 때, 우선은 타자의 언어 곧 언어를 통해 들어오는 타자를 한번은 밀어내는 현상을 자주 보입니다.

꺾고 꺾이는
이기고 지는 게임

강박증적 주체들의 욕망은 타자의 욕망을 무화하고 타자의 욕망을 배제하기를 시도한다고 언급했었습니다. 그들은 오직 자신의 보존과 굴레를 지키고, 벗어나려 하지 않는 구조적 특징을 가지고 있지요. 그러다 보니 타자에게 자신의 집을 짓고자 하는 히스테리적 주체의 언어를 무의식적으로 먼저 부정하고 다음 대화를 이어나가려는 특징을 보입니다.

부부 사이에 근본적인 신뢰가 깊고 애정이 깊은 경우일수록 이런 마찰이 더 깊고 말할 수 없는 내적 고통으로 여성에게 다가옵니다. 사람 자체는 좋은데 언어적 교류 안에서 매일 부정당하는 느낌이 차곡차곡 쌓이면서 고통이 더해지지만, 그렇다고 커다란 갈등이나 문제가 없다 보니 말할 수 없는 내적 고통으로 자리하는 것이지요.

이들의 특징은 견고한 자신이 만든 울타리와 패턴을 중심으로 고정적으로 움직이기 때문에 표면적으로 매우 안정적이고 성실한 모습입니다. 하지만 심층적 차원에서는 타자의 방식, 타자의 도전, 새로운 것을 받아들이는 일을 위협으로 인지합니다. 파트너인 아내나 여성을 사랑하지만 자신이 만든 세계가 공고히 흔들리지 않는 방식으로 사랑하려 하기에, 관계 안에서 어려움을 겪는 여성들이 생기지요. 이때 여성들은 배우자나 상대방이 공감 능력이 부족해서라고 이해합니다. 하지만 그것은 도저히 납득할 수 없는 대상의 어떤 부분을 이해하기 위해 학습한 심리학적 정보에 따를 뿐이지 단순히 감정적, 정서적 차원의 문제가 아니지요.

언어적 꺾는 행위는 강박증적 주체가 반복하는 무의식의 행위로 볼 수도 있습니다. 존재의 차원에서 타자를 밀어내고 자신의 보존을 유지하려는 행위이지만, 감각적 차원에서 우선 상대를 한번 꺾는 행위를 반복하는 데 무의식적 쾌감을 획득하기도 합니다.

꺾는 행위에 민감하게 반응하는 여성 중에는 그것에 반발해 말싸움으로 번지는 경우도 종종 있습니다. 소위 아귀다툼으로 번지면서 싸움으로까지 이어지지요. 저는 간혹 이런 경우의 이야기를 들을 때 "말려드셨군요"라는 표현을 하기도 합니다. 그렇게 꺾고 꺾이는 행위를 서로 주고받으면서 이기고 지는 게임에 들어가기에, 게임을 시작한 자가 주체가 되고 그것에 발끈해서 이기려 하는 자는 말려들게 되지요.

여성들은 공격적 경향은 남성이 높고 여성은 수동적이라 공격적 경향이 낮다는 일상의 편견이 있는 듯합니다. 이런 꺾는 행위로 상대와 아귀다툼을 벌이거나 싸움으로 번져 격렬한 관계 맺음이 일어나는 것도 공격성이 발화되는 한 면인데 말이지요. 다만 매우 수동적 방식으로 나타나는 공격적 면모입니다. 오히려 도발과 변화라는 측면에서 공격성은 여성들이 더 적극적인 모습을 많이 경험합니다.

자기 포기에
가까운 소통

언어, 우리를 구성하고 우리가 발화하는 언어의 구조가 다른데서 오는 충돌과 차이를 충분히 고려하기는 참 어려운 듯 싶습니다. 말을 예쁘게 하고 다정하게 한다고 좋은 언어가 아닙니다. 언어는 매우 깊고 여러 층위로 결정되어 있습니다.

언어 안에 한 개인의 욕망과 쾌락이 고스란히 담겨 있기 때문에 단순하게 언어 사용을 바꾼다고 해결되는 것도 아니지만 언어 사용 자체가 그 욕망의 결정체이기 때문에 쉽게 바뀌지 않기도 합니다. 그러기에 많은 분들이 "대화가 잘 통해서 좋아한다"라는 표현을 쓰는데, 단순히 말이 잘 통해서가 아니라 언어적 교류가 원활하거나 서로의 언어를 이해하고 존재를 받아들이는 차원으로까지 이어지기 때문입니다.

깊은 언어적 교감은 육체적 절정감을 넘어서는 절정감까지 겪게 합니다. 타자의 언어를 수용한다는 것, 나의 의사와 내 언어를 수정하는 일은 타자를 내 안에 받아들이는 사랑의 차원으로까지 나아가게 하기 때문입니다. 그런 측면에서 강박적 주체가 다수인 남성들이 진정으로 파트너(여성이든 남성이든)의 언어를 받아들인다면 여성이 남성에게 보이는 헌신과는 또 다른 차원의 '자기 포기'에 가깝습니다.

대화의 패턴에서 강박증적 구조를 간단히 이야기했지만 이 구조를 가진 사람들의 모습은 매우 다양합니다. 더 나아가 사회적 지위나 권력을 가진 사람들을 볼 수 있습니다. (그 권력에는 물론 언어적 권력도 포함됩니다) 남녀를 불문하고 우리 사회에 다양한 지도자, 종교인, 학자, 전문가, 멘토가 그 언어적 권력을 가지고 있다고도 볼 수 있지요. 그중 강박적 구조의 언어를 가진 사람들은 자신들이 조금이라도 훼손되거나 추락할 위험은 감수하려고 들지 않습니다.

권력과 권위를 앞세워 스스로가 신이 되어 제거와 처벌 또한 서슴지 않기도 합니다. 그 이면에는 두려움이 있습니다. 강박적 구조가 만들어 내고 유지하는 왕국과 세계가 침범받을까, 훼손되지 않을까 하는 상상적 두려움입니다. 자신들을 따르고 믿는 사람들을 중심으로 공고한 세계를 구축하고 그 세계를 이탈하는 사람들에게는 죄책감을 심어 주기까지 하지요. 이곳에서 도발이나 도전은 결코 허용되지 않는 위험한 일이 됩니다.

전문가들, 사회적으로 훌륭해 보이는 학자나 지도자들도 쉼 없이 편견과 상식으로부터의 자유로움을 말하지만, 정작 그들 본인은 자신들이 만들어 놓은 자신의 성을 넘지 못하는 역설적인 상황이 강박증적 주체들의 세계입니다. 고정관념과 자유로움을 외치는 사람들이 누구보다 세상의 관념과 세속적 이미지에 매몰되어 있듯 말입니다. 그러니 대화의 패턴을 바꾸기란 얼마나 어려운 일인지 가늠이 안 되지요.

나를 버려야
내가 산다

온통 타자의 욕망과 요구들로 뒤엉킨
시간으로부터 제대로 죽어서
나의 하루가 숨 쉬는 하루가 되는 것이 전부이다.

여성의 요구는 사랑과 사랑에 대한 요구를 중심으로 펼쳐집니다. 내 안에서 올라오는 다양한 모양의 합당하고 필연적인 요구가 포기될 때, 그제야 비로소 내 땅에 설 수 있는 문이 열림을 경험할 수 있습니다.

'내가 잘못해서 내 아이가 상처에 놓여 있고 내가 조금만 더 참으면 가정이 평안하고 내가 조금 더 잘하면 부모님이 편안할 텐데…'라는 이 아름다운 명제들은 은밀한 거대자기를 숨기고 있습니다. 이 모든 겸손 뒤에 도사리는 '오직 나만이'라는 거대자기가 꿈틀거리고 있지요. 정말로 나 하나로 인해 그들이 울고 웃을까요. 이 아름다운 명제들은 기승전결이 '나'입니다. 내가 무엇인가를 절대적인 필요로서 채우고 돌보거나 나의 변화와 노력으로 주변이 모두 달라지리라는 거대자기로 매몰된 상태와 다르지 않습니다.

가족 간에만 이런 유착이 일어나지는 않습니다. 직장에서도 내가 조금 더 헌신하고 희생하면 상사들이, 나의 직원들이 나를 알아주리라는 기대, 그 기대에 대한 끊임없는 좌절에 상처받고 아파하는 이면에는 단단히 자리 잡은 '요구'가 있습니다. 그 요구는 구체적인 무엇이 아니라 막연한, 결국은 궁극적인 사랑에 대한 기대와 요구가 노련하고 세련된 모양으로 변형되어 발화되지요.

무엇이 종을 만들고
주인을 만들까

딸아이와 자주 접촉할 수 없을 정도로 서로 바쁘다 보니 아이를 만날 때면 저도 모르게 사소한 잔소리를 하게 됩니다. "라면은 먹지 마라, 엄마 얘기 자꾸 흘려 듣지 마라"는 등 잔소리를 하던 중에 딸아이가 불쑥 "엄마 고만 징징거려, 왜 나한테 자꾸 징징이야'라고 내뱉었지요. 한 대 얻어맞은 것처럼 깜짝 놀랐습니다. 아이의 통찰이 통쾌하기도 하고 무섭기도 하고 신통하기도 했습니다. 그러고는 "어떻게 알았어?"라고 물었습니다 그랬더니 딸아이가 씨익 웃으면서 "엄마도 참, 계속 말하는 게 나한테 사랑을 달라는 것 같잖아!"이라고 말하지 않겠습니까! 전문가인 저보다 낫다는 생각에 시원하게 인정하고 웃었습니다.

이렇게 의식하지 못하는 사소한 순간마저, 그간의 무수한 좌절과 포기 끝에 대부분의 요구로부터 꽤 떨어져 나와 홀로 서 있다고 자만했던 모양입니다. 그것이 무엇인가를 챙긴다는 의식의 속임에 부쳐 끝없이 요구하고 있다는 사실을 깨닫는 순간에 실소가 나왔으니까요. 마치 밑 빠진 독에 물을 부어 달라고 하는 듯 말이지요.

마이스터 에크하르트는 이런 비유를 들었습니다.

"타인으로부터 무언가를 바라는 사람은 '종'이며 그것을 주는 사람은 '주인'이다."

종교인들은 신을 향해 끝없이 지복(至福)을 구하고 아내는 남편에게 의무를 들어 요구하고, 부모는 자녀에게 도리를 들어 요구하고, 자녀는 대놓고 요구하지요. 그래서 줄 수 있는 위치에 놓인 사람은 주인이 되고 권력이 생기고 맙니다. 요구하는 존재는 스스로를 약자의 위치에 놓고 채울 수 없는 사랑의 요구를 끝없이 하게 되지요.

신학자인 에크하르트는 더 나아가 신에게조차 구하지 않는 것을 제안합니다. 신과 내가 주인과 종의 관계가 되어서는 안 된다는 말이지요. 절대적인 아버지를 상징하는 신을 놓고 우리는 유아기적인 요구를 멈출 수 없습니다. 실제로 어떤 것을 받기 위해서라기보다는 요구하는 행위 자체로 유아적 쾌락을 유지할 수 있기 때문이지요. 더 좋은 것을, 더 나은 것을 받기 위해 더 노력하고 뛸 수 있는 삶의 동력을 얻을 수도 있기 때문이지요.

◖●

포기를 모르니
욕망만 커진다

고통에서 벗어나고 싶지만 한번 시작되고 익숙해진 고통을 멈추기는 쉽지 않습니다. 쉽지 않은 것이 아니라 하고 싶어 하지 않는다는 표현이 더 적확한 것 같습니다.

멈추는 행위를 하지 못하는 우리 자신을 살펴봅니다. 연애 관계에서도 이것이 정말 사랑인지, 내가 상대를 정말로 원하는지조차 감각이 무뎌져도 멈추기를 두려워 유지하게 됩니다. 끔찍하게 지겨운 직장도, 차마 들여다보기 싫은 일도 어쩔 수 없는 당위를 부여하지만 정작 멈추기를 어떻게 이행해야 할지를 몰라서 그냥 지속합니다. 우리가 부여하는 당위는 자아라는 견고한 안정 장치가 작동합니다. '현실', '미래', '안정'이라는 당위가 그것이지요.

제가 어떤 선택을 할 때 그것이 매우 사소한 선택일 때도 있고 매우 중대한 선택일 때도 있습니다. 그럴 때 간혹 주변에서 이런 말을 듣습니다. "내일이 없어? 뒤가 없어?"라고 말합니다. 저는 무모하게 어떤 일에 덤벼들기보다 어느 순간 계산을 멈추고 어떻게 될지는 그냥 모호함에 맡겨 둔 채 선택합니다. 그러다 "안 되면 어쩔 수 없지"라는 원칙을 내세웁니다. 말만 그러는 것이 아니라 정말 어쩔 수 없는 일에 대해서는 포기할 마음이 있습니다. 그 포기로 인해 고통이나 불행이 닥쳐도 그것이야말로 "어쩔 수 없지, 겪는 수밖에"라고 생각합니다.

미래는 아무리 준비해도 끝은 없습니다. 아무리 계산하고 잘 대비해도 온전한 안전 장치는 없습니다. 마치 우리에게 영원한 삶이 지속될 것처럼 세계는 강박적으로 돌아가고 혹시 내 삶이 끝나더라도 내 자식들은 더 누려야 한다는 멈출 수 없는 욕망과 그 욕망을 합리화하는 자아라는 괴물이 우리를 삶이라는 감옥에 묶어 놓습니다.

불안이라는 장치로 우리는 또 한 번 현실이라는 감옥에 발이 묶입니다. 그 불안한 요소들을 없애기 위해 하루하루, 한 해를 소비하며 결코 손에 잡히지 않는 온전한 안정과 온전한 삶을 욕망하니까요.

멈추어야 비로소 보인다고 어느 승려는 말했습니다만, 정작 멈추고 나면 보이기는커녕 아무것도 없는 막막함이 좀 더 진실한 상태인 것 같습니다. 멈추면 모든 것이 맑아지고 새로운 것이 보이지 않고 멈추면 캄캄함 아래 서는 죽음의 상태가 도래합니다. 그 막막함이 주는 모호함과 불안, 불편을 있는 힘을 다해 방어하고, 죽음의 상태로부터 살아나고자 하는 생의 충동에 사로잡힌 것이 우리 신경증자들의 삶이지요. 멈추어도 보이지 않고 아무것도 없는 무명의 상태만이 존재하는 상태, 그래서 나 자신 이외에는 아무것도 없는 그 불안하고 낯선 상태를 용기를 가지고 환대해 보자고 권하고 싶습니다.

현대 심리학의 기류나 특히 자아 심리학에서는 자아를 강화해서 강건한 사람이 되고 적응적 인간이 되도록 돕는 것에 초점을 둡니다. 혼란을 막고 무질서한 무의식을 통제하여 건강한 삶을 살아가도록 하지요. 일반적으로는 자아와 자존감을 혼동하기도 합니다. 자아가 강해서 자존감이 높으면 타인을 신경 쓰지 않고 당당하고 편안하게 살아가리라는 상상적 이미지이지요.

자아는 내가 생각하는 내 모습인데, 사실 이것은 타자에게 비친 내 모습입니다. 그러다 보니 이상적인 내 이미지를 위해 밑 빠진 독에 물을 붓듯 끝없이 노력하고 자신을 만들어가려 해도 손에 잡히지 않습니다. 오히려 심리적 경직성을 높이며 타인들 너머 자기 자신과도 전혀 소통되지 않는 소외적 인간이 되고 맙니다.

그래서 저는 '모호함을 어떻게 즐기느냐가 삶의 성패를 좌우한다'라고 말하고 싶습니다. 나를 버리는 일은 자아라는 이미지에 묶이지 않는 모호하고 불분명한 상태를 적극적으로 받아들이고 삶을 경험하는 것이라고 말입니다.

◖◗

"아무 것도
하지 마십시오"

"~해야 한다"라는 말은 생과 죽음의 충동 중에 생의 충동에 해당합니다. 무언가를 집요하게 하고, 좋은 엄마가 되기 위해 노력하고, 건강한 삶을 살기 위해 노력하고, 내려놓기 위해 무언가를 또 하고, 누군가에게 집착하지 않기 위해 또 무언가 해야 합니다. 모두 '하고 있는 것'에 온 에너지가 집중되어 있습니다. 그 내용이 아무리 초탈함에 있더라도 그것은 진짜 죽음의 상태가 아닌 온통 살아 있고자 하는 욕망에 다름 아닙니다. 명품 백을 갖고자 집착하고 내적 통찰을 이루고자 집착하는 에너지의 수준이지요. 집착을 포기함은 곧 죽음의 상태입니다.

포기하면 그것이 어느 것이든 한 번의 죽음이 실행되는데, 내려놓기 위해 또 답을 찾아 무언가를 한다면, 이는 죽음과는 반대의 차원입니다. 죽음의 상태를 받아들이는 것과 끝끝내 살아 있기 위해 머리를 치드는 것의 차이입니다. 집착하지 않기 위해 멈추는 것은 죽음에 해당하는 수용의 차원이지만 집착하지 않고 무엇인가를 하기 위해 노력한다는 말은 또 한번 생의 충동을 끝끝내 포기하지 않겠다는 말과 같습니다. 같은 문제인 듯하지만 전혀 다른 상태를 말하지요. 죽지 않으면 제대로 살 수 없다는 뜻도 같은 맥락에서입니다.

받아들임은 어떤 것을 포기하기 위해 '노력하는 것'이 아니라 '하지 않는' 죽음의 상태, 곧 수용의 상태를 말합니다.

자녀를 향한 불안과 걱정을 호소하는 사람들에게 저는 이렇게 말합니다.

"아무 것도 하지 마십시오."

여자의 심리코드

대부분의 여성들은 갖은 명분을 내세워 어떻게든 할 일을 찾아냅니다. "어떻게 할 도리를 하지 않고 가만히 있을 수가 있나요?"라고 말하지요. 자녀를 위해 할 일을 쉼 없이 찾는 부모는 정작 자녀가 자기 스스로 할 수 있는 기능을 마비시킵니다. 마비된 자녀의 삶의 기능을 회복시키기 위해 또 무언가를 부모들이 하려고 들지요. 하지 않는 상태를 결코 하려고 하지 않습니다. 끝끝내 '나'를 죽이지 않겠다는 것이지요.

내가 죽지 않으면 가까운 누군가는 또 강제적으로 죽어야 합니다. 그렇게 타자를 살리기 위해서가 아니라 내가 제대로 살 수도 없으면서 죽지도 못하는 연옥을 이어갑니다. 더 좋은 것, 더 바람직한 방향으로 가야 함은 소유의 측면으로 볼 수 있습니다. 가지려는 충동, 채우려는 충동을 근본적이라고만 말할 수 있는지 묻고 싶습니다.

우리는 소유하고자 하는 욕망 자체를 유지하기 위해 닿을 수 없는 대상이나 사물을 설정하고 끊임없이 그것을 탐닉하고 반복합니다. 한 번 더 죽지 않으면 살 수 없다는 진리를 소환할 수밖에 없겠습니다. 전인적인 인간은 존재하지 않고 그렇게 될 이유도 없습니다. 온통 타자의 욕망과 요구들로 뒤엉킨 시간으로부터 제대로 죽어서 나의 하루가 숨 쉬는 하루가 되는 것이 전부입니다.

여자 안에는
보헤미안이 산다

6장

여자의 심리코드 5.
자유

여자 안에는
보헤미안이 산다

내가 시선의 주체가 되어야 한다.
그러기 위해 시선으로부터 분리되고
차단할 수 있는 용기가 필요하다.

꽤 오래전에 쿠바로 여행을 떠났었습니다. 아이와 남편을 놓고 보름 정도 배낭여행을 다녀오겠다고 선언하고 농담 반 진담 반으로 혹시 돌아오지 않더라도 찾지 말라며 떠났습니다. 결혼한 유부녀가 혼자서, 그것도 알려지지도 않은 나라로 여행을 떠난다는 이야기는 주변의 시선과 걱정을 가장한 편견을 꽤 많이 겪어야 했습니다. 그래도 가야했지요. 제 스스로도 알 수 없는 이유를 품고서 말입니다.

남편은 무척 힘들어 했지만 막아서 될 일이 아닌 듯 보이니 비행기표를 직접 끊어주더군요. 막연한 두려움과 기대를 품고,

아예 돌아올 수 없는 '인생의 사건'이 생기기를 은근히 바라며 떠났습니다.

당시에는 쿠바와 미국이 수교가 되지 않은 상태여서, 주변 사람들은 여행이 안전하지 않다고 심하게 뜯어말렸지요. 그들은 "굳이 잘 알지도 못하고, 안전을 담보할 수도 없는 그곳에 왜 가는 거야?", "한국 대사관이 없는 머나먼 공산국가로 여행이라니, 애도 있는 유부녀가!"라고 했었지요.

모두의 걱정과 염려가 커질수록 오히려 그곳에 대한 갈망이 더 커졌습니다. 그래서 그냥 아무 정보도 없이 무작정 짐을 싸서 여행을 떠났습니다.

'아, 이곳이어야겠구나.'

저는 쿠바에 발을 들여 놓고서야 그토록 쿠바를 원했던 이유를 알았습니다.

제가 기대한 인생의 사건은 별다른 것이 아니었습니다. 헤밍웨이가 지극히 사랑한 쿠바의 외진 바닷가 마을처럼, 그냥 낯설고 무지한 땅 어딘가에 아무도 아닌 채로 인생의 치명적인 느낌과 만나기를 기대했습니다.

현실적으로 보면 무책임했지만, 저 안에서는 아이와 남편이

여자의 심리코드

라는 세계의 질서와 법으로부터 아득히 멀어지고 싶은 충동이 일었지요. 어딘가로 쏙 사라져 들어가고 싶은 충동이었으며, 거부할 수 없는 강력한 이끌림에 대한 염원이기도 했습니다. 길거리에서 만나는 여행자, 어느 누구든 상관없으니 일주일, 열흘 그렇게 함께 지내며 일생을 집시처럼 살면 좋겠다고 생각했습니다.

빡빡한 일상에 갇혀 일탈을 꿈꾸냐고 오인하는 사람도 있었지만 그리 단순한 충동은 아니었습니다. 한 번쯤 꿈꿔 본 귀여운 일탈이 아니라 여성적 해체에 대한 욕망과 충동이었습니다. 이러한 충동은 우리의 모든 것을 무화시키는 지경까지 이어질 수 있습니다. 실제로 쿠바에서 만난 친구 중에는 돌아오지 않을 여행을 멈추지 않고 하는 청년들도 있었습니다.

나를 위한
자유를 꿈꾸기

진정한 자유로움은 여유로운 전원생활이나 멋진 커리어 우먼의 삶이나, 안정되고 화목한 가정생활의 차원이 아닙니다. 다시 말해 환경의 조건에서 행복이 찾아지지는 않지요. 어디서 어떤 형태의 삶을 사는지와 무관하게 내가 무엇에 집중할 수 있는

지가 가장 중요합니다. 그 무엇이 어떤 것이어도 상관은 없습니다. 내가 어느 곳에 있든 일정 부분의 노동을 투자할 수 있는 시간을 확보하는 것과 외부 세계에 대한 일정 부분 에너지 철회입니다.

우리는 끊임없이 여행을 꿈꿉니다. 여행을 꿈꾸는 이유는 돌아올 곳이 있기 때문이고 돌아와야 하기 때문이지요. 돌아올 곳이 없는 기약 없는 여행은 고난의 행군이 아니겠는지요.

예수가 이런 말을 남겼지요.

"진리가 너희를 자유롭게 하리라."

무수히 많은 종교인들이 이 말씀을 따릅니다. 그런데 예수를 믿으면 진리를 깨닫고 깨닫게 된 진리를 만나면 자유롭게 될까요? 맹목적으로 예수를 믿고 따르기만 하면 그렇게 되는지요. '전혀' 그렇지 않다고 말하고 싶습니다. 자유는 어떤 진리를 만나서 머릿속이 깨어나고 한순간에 얻어지지 않습니다. 온통 예수 또는 부처의 말씀으로 부장하고 환상으로 도취된다고 해서 결코 자유로워지진 않지요.

진리가 우리를 자유롭게 한다는 말은 어떤 편견과 판단으로부터 물러나올 때, 어떤 세상적인(상징계적인) 기준으로 나와 타

여자의 심리코드

인을 재단하기를 멈추는 용기, 율법에서 풀려나고 그 율법에 정면으로 맞설 수 있을 때, 진정한 진리와 만날 수 있고 자유로울 수 있다는 뜻이 아닐까요.

율법주의자들과 바리새인들은 세상에 넘쳐 납니다. 그들은 율법에 비추어 정의와 도덕을 말하고 율법의 권위에 기대어 세상을 통제합니다. 종교에서의 율법은 세상에서의 도덕, 법과도 같습니다.

절대 선이라고 믿는 모든 기준들이 절대적 권력을 갖지 않고 그 잣대가 아닌 오직 인간의 본질을 바라보기를 욕망할 때 우리는 이루 말할 수 없는 자유로움을 경험하게 됩니다. 그 자유로움은 법을 위협하고 자유로움에서 기인하는 쾌락은 강박적 세계를 위협합니다. 무엇도 한 인간을 강압하거나 억압하거나 강제할 수 없다고 믿을 수 있을 때라야 자유로움에 대해서도 말할 수 있습니다.

예수는 한없이 관대했지만 율법주의자들에게는 더없이 신랄했지요. 회랑을 뒤집어엎는 도발도 서슴지 않았습니다. 한 인간으로서 청년 예수는 고독과 고통에 몸부림치는 자유로운 영혼이 아니었을까 싶습니다.

내가 나의 주인으로
산다는 것

우리는 늘 어떤 시선과 함께한다고 느낍니다. 시선은 나를 따라다니며 의식하게 하고 부자연스럽게도 하며 통제하기도 합니다. 그것은 부모의 시선일 수도 있고 그저 자기 자신을 경험해 보지 못한 아이가 무분별하게 받아들인 세상의 시선일 수도 있습니다.

그러한 시선 아래 놓여진 상태에서 내가 시선의 주체가 되어야 합니다. 시선으로부터 분리되고 차단할 수 있는 용기가 필요합니다. 그러기 위해서는 나를 지배하고 있는 시선들과 끊임없이 싸우고 끊임없이 그것들로부터 빠져나가려는 사투가 따라오기 마련이지요. 그다음 우리는 그 시선의 자리에 다시 들어가야 합니다.

삶은 그 자리가 어디든 떠도는 집시와 본질이 다르지 않다고 생각합니다. 그 본질을 사랑하고 주어진 삶을 있는 힘을 다해 떠돌며 진리와 억압 사이를 부유해야 한다고 생각합니다.

마음 탐색의 여정을 밀실에서 오랫동안 하다 보니, 물리적 환경과 무관하게 마음의 현수가 어디에도 돌아갈 곳이 없는 상태로 서성이는 사람들을 많이 보았습니다. 가족이 있고 배우자가 있어도 돌아갈 곳이 없는 영혼의 상태로 떠돌다 밀실을 찾는 사람들이 많았습니다. 이들이 자신들의 방황을 미워하지 않고 조금 더 잘 방황하고 조금 더 부유할 수 있기를 함께 버티는 것이, 분석가의 삶이기도 합니다.

몸은 붙박이처럼 고정적인 거리를 오고 가지만 그럼에도 늘 어디에도 붙어 있을 수 없는 마음의 길을 걷는 무수한 보헤미안들이 있다는 사실을 기억하셨으면 좋겠습니다.

내 삶의 속도에
맞게 걷기

습관적으로 선인들의 말씀을 듣고,
쉼 없이 멘토들의 강연을 듣는다면
진정한 변화를 위함이 아니라 일종의 중독일 수도 있다.

너무 빠르게 반성 모드 또는 성찰 모드로 들어가는 일은 성급할 수 있습니다. 성찰은 자칫 은폐의 가능성이 있기 때문이지요. 성찰을 통해 어떤 것을 중화시키고 제거하는 일이 중요하기보다는, 가장 아래에서부터 그것을 추동시키는 근본적인 환상과 욕망을 알아차리는 일이 중요합니다.

누군가에게 극심하게 의존하는 사람이 그 의존성으로부터 탈피해서 단단한 자기로 홀로서야 한다고 생각하고 단련한다고되는 일이 아니지요. 의존을 없애기 위한 성찰과 노력이 정작중요한 욕망을 더욱 억압할 수 있기 때문입니다.

여자의 심리코드

어떤 이가 의존을 핑계로 그 이면에 어떤 탐닉을 지속한다면 그것은 더 깊숙한 곳으로 숨어 들어 다른 모양으로 다른 표상으로 출현할 것입니다. 바로 무의식이 자신의 욕망을 성취시키는 전략이니까요.

많은 사람들이 상담을 받거나 멘토들의 강연을 즐깁니다. 좋은 이야기를 들으며 통찰을 경험하지요. 임상 장면에서도 통찰을 지속적으로 해내는 사람들이 많습니다. 통찰이 일어나면 속이 후련한 느낌이 들고 무언가 깨달았다는 느낌에 만족감이 듭니다.

이때, 한 가지 의심해 볼 점이 있습니다. 그 통찰과 깨달음으로 인해 사람과 세상을 보는 나의 사유가 어떻게 달라졌는지, 나를 불편하게 했던 어느 지점들이 어떤 상태로 재경험되는지 살펴야 합니다.

습관적으로 선인들의 말씀을 듣고, 쉼 없이 멘토들의 강연을 듣는다면 진정한 변화를 위함이 아니라 일종의 중독일 수도 있기 때문이지요. 외부에서 오는 언어적 자극을 받아 통찰과 깨달음이라는 내적 감각을 경험하는 쾌락을 맛볼 수도 있습니다. 쾌락은 중독의 습성이 있지요.

소외된다고 해도
나아가야 한다

자신이 사실은 소외를 즐기고 있었고 그 소외를 즐김으로 인해 누구와도 깊은 관계를 맺을 수 없다는 결론에 이르는 사람들이 있습니다. 이들은 자신을 소외시킨다고 생각했던 사람들에 대한 비난과 원망이 잦아들어 매우 편안해졌고 더 이상 소외를 즐기지 않기 위해 사람들에게 다가가고 열린 마음으로 사람들을 맞아 들일 수 있습니다.

표면적으로 그들은 치유된 사람처럼 보이기 쉽고 표층 차원에서의 시선들은 그것을 지지하지만, 또 하나의 공모에 지나지 않습니다. 소외를 즐겼다는 사실을 깨닫고 더 이상 자신을 소외시키지 않으려고 반성과 노력을 가한다면, 다시 금지를 가하는 일과 같으니까요.

왜 소외를 즐기면 안 될까요? 소외를 즐겼다는 세부적인 내용에 초점을 둘 것이 아니라 그 소외를 즐기고 있는 나를 바라보는 시선의 구조, 의식의 구조를 보아야 하기 때문입니다. 의식이 자유로워진 것이 아니라 다시금 무언가를 고쳐서 바르게 만들고 그러지 않도록 해야 한다는 초자아의 명령이 들어 있습니다. 그 명령, 그 금지로 인해 소외를 즐겼던 충동은 더 깊숙한

여자의 심리코드

곳으로 억압되어 다른 표상을 만들어 증상으로 출현시키기 때문이지요. 정신 분석이 향하는 곳은 있는 힘을 다해 억압을 찾아내고 충동의 방향을 찾아 그것이 잘 나아갈 수 있도록 길을 만드는 일입니다. 금지를 해체시키고 새로운 길을 만드는 것이지 경로를 바꾸어 유사한 길을 다시 만드는 것이 아닙니다.

증상을 바꾸지 않고 내 시선과 의식의 구조가 어떻게 바뀌는지 살펴야 하지요. 소외를 즐기는 자신을 더 이상 억압하지 않고 금지하지 않는 시선으로 바꾸는 일이 어떤 의미가 있는지를 숙고해야 합니다.

금지와 억압이라는 충동의 구조는 결국 오이디푸스적 구조를 유지, 반복하는 것 이상이 아니기 때문입니다. 시선과 구조가 움직이면 세상을 바라보는 방식과 타자를 느끼고 받아들이는 방식이 달라질 수밖에 없습니다.

나를 깊이
탐구한다는 것

자기분석은 수도원에서 매일처럼 일상을 반복하며
세속적인 욕망과 가치를
끊임없이 밀어내는 일과 다르지 않다.

분석의 과정은 결국 인간과 자신에 대한 인간애를 회복하는
과정이 아닌가 싶습니다. 그 과정은 어긋남과 굴곡이 많습니다.
여러 증상들에 의해 파국으로 치닫기도 하고 좌절과 환멸이 닥
치기도 하니까요.

그럼에도 우리는 거대한 산을 넘어서야 하는 커다란 과제를
안고 있습니다. 우리 안에 앉은 한 인간에 대한 인간애를 획득
해 내는 과정, 분석가와 지난한 시간을 보내며 나를 알아가고
회복하는 과정이 쉬울 리가 없지요.

여자의 심리코드

무의식에
귀 기울이는 시간

자아의 이미지로부터(타자의 시선, 보편적인 시선) 많은 부분이 풀려나고 초자아의 공격으로부터도 놓이면, 우리는 자유롭고 희열을 만끽하리라는 환상을 갖지만 그 또한 자아가 쏘아 올리는 환상에 지나지 않습니다. 그곳은 공허와 아무것도 없음, 고통도 기쁨도 없음, 더 나아가 무감각해지기까지 하는 지대입니다. 간혹 이런 표현을 하는 사람이 있습니다.

"선생님, 여긴 어디고 저는 누구죠? 저는 여기 왜 왔을까요?"

우리는 종종 나를 힘들게 했던 어머니, 아버지에 대한 공격성과 분노로부터 자유로워지면 온전한 내 삶을 찾으리라는 투쟁적인 결의가 생깁니다. 또는 고통에 몸부림치며 분석실을 찾았는데 어느 순간 그 모든 것이 배경으로 물러나고 도대체 내가 뭘 하고 있고 무엇을 원하는지조차 알 수 없는 무(無)의 지대에 서게 됩니다.

우울과 무기력함, 슬픔과 상실이 밀려왔다가도 그조차도 사라지고 마는 상태에 있기도 합니다. 하지만 이때의 우울은 우리가 증상적이고 병리적이라고 말하는 우울의 상태와는 다릅니다. 해결해야 할 우울이 아니라 그 지대를 충분히 수용하고 그 지난한 지대를 충분히 견디고 지나가야 할 우울이지요. 왜냐하면 그 지대를 건너지 않고서는 그 어떤 '개인'도 될 수 없고 그 누구도 '자신'이 될 수는 없기 때문입니다.

무법과 공허의 지대를 통과하고 나면 또 다른 희열이 찾아오지도 않습니다. 온전한 자신의 동력으로 오로지 스스로의 페달을 밟아 앞으로 나아갈 수 있지요. 온전한 자신의 페달을 밟는 일은 수행과 다르지 않습니다.

제가 분석을 받으면서도 경험했고 분석가로서도 경험하게 되는 자기분석은 수도원에서 매일처럼 일상을 반복하며 세속적인 욕망과 가치를 끊임없이 밀어내는 일과 다르지 않았습니다.

영화 〈매트릭스〉를 보면 정신 분석의 과정과 매우 유사하다는 생각이 듭니다. 매트릭스는 보이지 않게 모든 곳에 존재하면서 진실을 보지 못하도록 눈을 가리는 세계입니다. 인간이 거대한 통제의 노예로 살아간다는 사실을 가리는 세계이지요. 정신 분석의 언어로 바꾸면 우리는 환상의 끊임없는 연쇄 속에 있습니다. 충동의 진실 또는 충동의 노예인 줄도 모른 채 그것이 마치 주체인 양 행세하는 자아와 의식의 세계만이 진짜인 줄 알고

여자의 심리코드

살아갑니다.

주인공 레오는 돌이킬 수 없는 선택 앞에 놓이지요. 파란 약을 먹으면 눈을 뜨고 내가 믿고 싶은 세상을 살지만 빨간 약을 먹으면 이상한 세계로 던져져 어딘지 모를 곳으로 끝까지 가게됩니다. 안전한 현실을 선택할지 모호하고 알 수 없는 무의식의 세계를 열지의 선택입니다.

레오는 진짜와 진리를 받아들이는 과정에서 엄청난 저항과 고통을 경험하는데, 이 또한 분석 과정에서 주체가 겪는 경험과 매우 닮아 있습니다. 물론 모두가 그러한 고통의 과정을 경험하지는 않지만요.

《토지》의 박경리 작가는 고통이 사람을 정화한다고 이야기했다고 합니다. 아마도 그 고통은 거대한 보편성이라는 권력과 세속이라는 욕망에서 떨어져 나오기 위한 자기 투쟁의 고통이 아닐까 싶습니다.

정신 분석에 주의를 기울이고 무의식에 마음을 여는 일은 내가 선한 사람이 아닐 수도 있음을, 의도하지 않았어도 누군가에게 해악을 끼칠 수도 있음을 수긍하는 일이기도 합니다. 인간이 예외 없이 그렇게 아름답고 선한 존재만이 아니라, 이해할 수 없는 충동과 욕망의 존재라는 사실을 받아들이는 일이기도 합

니다. 역설적이게도 그 수긍이 오히려 그 주체를 안전한 사람,
윤리적인 사람이 되게 합니다.

라깡 정신 분석에서 책임과 윤리는 오직 개인이 가진 진정한
욕망의 깨달음입니다. 정신 분석적 의미에서의 죄책감은 이 윤
리를 위반할 때, 자신의 욕망으로부터 스스로를 소외시킬 때만
발생합니다. 내 욕망을 알아차리기를 포기하지 않고, 내 욕망을
부인하지 않는다면 죄책감으로부터 자유로움을 얻습니다.

여자의 심리코드

지금, 여기가
중요한 이유

현실이라는 보편적 가치는 여러 가지 환상과 의미가
결합하여 드러나는 하나의 착시일 수도 있다.
진짜 현실은 무엇인지 알 수 없다.

배우자가 주재원으로 발령을 받거나 유학을 가야 하는 일이
생길 때 여성이 자신의 커리어와 사회생활을 포기하고 전업주
부가 되는 경우를 주변에서 볼 수 있지요. 꼭 그런 상황이 아니
어도 아이들 양육을 위해 일을 포기하고 가정에 다 쏟아붓는 경
우도 많습니다.

아이와 남편을 위해 헌신하면서 보람도 느끼는 여성은 아이
들과 함께 있어서 기쁘다며 시간을 보냅니다. 그러다 문득문득
이대로 괜찮을지 자문하게 되는 날이 생깁니다. 아이들은 훌쩍
자라 더 이상 손 가는 일이 없어지고 남편은 남편대로 자신의

커리어와 성취에 취해 승승장구합니다. 여성은 기쁘기보다 묘한 소외감을 느끼며 방황합니다. 오늘날 자신의 가족이 이렇게 누리고 살 만하게 된 배경에는 자신의 포기와 헌신이 있었는데, 왜 자꾸 여성은 남편과 아이들로부터 쓸모없는 사람이 되어 가는 듯하고 공허함을 느끼는지 괴로운 마음이 듭니다.

남을 부러워하지 않는 마음이 필요하다

여성학자들은 고전적이고 전통적인 여성의 역할은 '모방'에서 출발한다고 말합니다. 아이를 키우고 남편이 퇴근하면 따뜻한 저녁을 지어 맞이하는 여성의 모습은 전형적인 여성의 성 역할로 반복되어 왔습니다.

남성의 욕망과 남성 중심으로 그려진 가부장적인 삶의 모습이고 남성이 느끼는 안정감과 안락함, 화목함이 욕망의 주요 동인이 됩니다. 그것으로부터 이탈해 자기 자신을 선택하는 여성들이 늘어나고 있지만 다른 선택을 한 만큼의 '죄책감'이 따라붙습니다. 그것이 아이들과 가정을 위한 온전한 선택이고 내가 느낀 행복이 진정한 것이었다면 나의 포기가 공허함과 소외로 다가오는 것은 아이러니한 일입니다.

당연하게 생각하고 기준이라고 여겼던 여성의 보편적인 역할과 정체성이 사회가 요구하고 그 안에서 학습한 산물이었다는 것이지요. 우리 언어와 무의식 깊숙이 반복되는 이 관념들은 마치 우리 자신의 고유한 생각과 가치관인 듯 여성이 한 주체나 개인이 되는 일을 억압한다는 사실은 의심하기 어렵습니다. 그것을 의심하기 시작하면 나를 비롯한 내 주변까지도 흔들 위험이 있으니까요. 아름다운 가치라고 믿으며 열심히 일군 시간이지만 결코 메울 수 없는, 결코 언어화할 수 없는 간극이 발생합니다.

안정이 선이라는 정언 명령은 여성으로 하여금 도발과 도전을 허용하지 않습니다. 물론 가정에 헌신한 여성이 억압된 것만은 아닙니다. 사회조직에 속해 직업적 성취와 압박을 받는 남성과 여성들에 반해 시간의 여유가 조금은 더 허락되고(물론 이마저도 요즘은 아이들을 데리러 가는 일 때문에 더 바쁘지만요) 경제적 노동의 책임으로부터는 조금 더 여유롭습니다. 하지만 이 또한 내가 직접 경제활동을 하지 않아서 보이지 않는 눈치를 보게 되지요.

오전 10시부터 12시 사이 브런치 타임에 카페에 삼삼오오 모여 앉아 있는 여성들을 부러워하는 직장 여성들도 많습니다만, 카페에 앉아 이야기를 나누는 그녀들이라고 다 편안하지만은 않지요. 그렇게 엄마들과 수다를 열심히 나누고 돌아오는 발걸음에 알 수 없는 공허함과 박탈감을 느끼는 여성도 많이 있습니다. 우리는 갖지 못한 서로의 것을 탐하니까요.

●

현실 감각을
지울 때 찾아오는 자유

억압은 여성만의 문제는 아닌 듯합니다. 태어나서 억압이 잘 이루어져야 정신의학에서 말하는 정상 범주에 들어가는 상식적 인간이 됩니다. 이 억압에 의해서 신경증으로 넘어가게 되지요. 억압에 더 민감하게 반응하는 주체가 여성들입니다. 강박구조의 남성들은 억압을 뚫고 나가려기보다는 그 속에서 자신들만의 세계를 구축하고 더 많은 것을 정교하게 억압하며 안정화시키지요. 도발은 언제나 여성에게 가까운 가치였던 것으로 보입니다.

'남들처럼'이라는 보편적이고 일반적인 삶의 가치가 우리를 더 억압합니다. 현실은 남들과 다른 선택이나 이탈에서 오는 두려움과 불안을 넘어서기 어렵지요. 그런데 의심 없이 받아들이고 모방의 역할을 충실히 해내는 현실이 정말 나의 현실이 맞는지 묻고 싶습니다.

라깡의 비유 중에 장자 나비 비유가 있습니다. 장자가 어느 날 나비가 되는 꿈을 꾸고 깨어나서는 내가 나비 꿈을 꾸는 것인지, 나비가 내가(장자)가 되는 꿈을 꾼 것인지 의문이 들었다는 재미있는 비유가 있지요. 인간이 가지는 근본적인 소외와 흔들리는 주체라는 사실을 잘 보여 주는 비유 같습니다.

현실이라는 보편적 가치는 여러 가지 환상과 의미가 결합하여 드러나는 하나의 착시일 수도 있지요. 진짜 현실은 무엇인지 알 수 없습니다. 영화 〈매트릭스〉에서도 주인공 레오가 철석같이 믿었던 현실이 사실 프로그램된 노예적 현실이라고 알려주듯 말입니다.

제가 살면서 세운 삶의 원칙 중에 현실 감각을 지우는 일이 가장 핵심입니다. 노후에 무엇을 먹고 살아야 할지, 자산을 모으는 데 어떻게 모아야 하는지, 얼마나 성취나 성과를 내야 하는지, 아이를 얼마나 잘 키우고 지원해야 할지 등 모든 현실 원리를 밀어내는 데 힘을 씁니다.

세속적인 선택을 할 때도 정교하게 따지거나 재고하지 않고 그냥 합니다. 마치 내일이 없는 사람처럼, 마치 그런 세계는 존재하지 않는 듯 매일 정신 분석 텍스트와 저를 찾아오는 내담자들과 분석 작업만이 이 세상에 존재하는 듯 살아갑니다. 나를 찾는 사람들이 어느 날 없어지면 분석실은 어떻게 할지, 유지하던 것은 어떻게 이어나갈지는 조금도 고려하지 않습니다.

●

나답게 살려는
욕망이 나를 살린다

한 가지만 집요하게 붙들고 탐색하고 몰입하며 그것만이 세상에 존재하는 듯 살아가는데 신기하게도 어떤 현실적인 사람들보다 현실에 발을 잘 붙이고 잘 살아간다는 생각이 들 때가 있습니다.

"현실 감각을 지우고 마음이 가는 대로 선택하고 안 되면 말아야지"라는 방식이 제 원칙이기도 합니다. 주변에서 "어? 그렇게 하면 안 될 텐데, 위험한데…"라는 피드백이 이어지는 선택을 여러 번 하면서도 '안 되면 말고'의 원칙이 실패에 대한 두려움을 밀어냅니다. 말뿐만이 아니라 정말 안 되서 무언가를 잃는다면, 그 상황을 떨쳐버리고 모든 것을 원점으로 돌릴 각오가 되어 있기 때문입니다.

저에게도 아주 간혹이지만 슬그머니 불안이 올라오는 순간이 있습니다.

'정말 이대로 살다가 초라한 노인이 되려나? 이대로 남들처럼

240

집도 사고 주식도 사고 노후 준비도 해야 하는데 너무 안이한
가…?'

그럴 때는 '아, 정신 차리자. 그것들이 들어오지 못하도록!'이
라고 되뇌입니다. 역설적이게도 현실을 잊고 살기에 가장 현실
적으로 사는 듯합니다. 거꾸로 사는 저만의 방식이지요.

현실이라는 조건을 유지해야 한다는 욕망을 붙들고 앞으로
나아가지 못하거나 어떤 선택도 할 수 없는 사람들이 많습니다.
입버릇처럼 '현실'을 들이밀며 어떤 선택을 하려고 하지 않지요.
그런데 그 현실이 정말 현실인지를 저도 장자처럼 다시 한 번
묻고 싶습니다.

홀로, 자유를
즐기기를

나에게 어떤 일이든 일어날 수 있고
어떤 불행이든 닥쳐올 수도 있다는 열린 태도가
오히려 세상에 서 있는 나를 담담하게 만든다.

여성에게는 때때로 이런 표현을 할 때가 있습니다.

"스스로를 약하다고 믿으시는군요. 아니, 믿어야 하는군요."

우리는 한없이 나약하기도 하지만, 우리는 우리의 생각보다 그렇게 약하지도 않습니다. 이 말은 스스로를 나약하다고 믿으며 어떤 것을 도전하기 두려워하고 퇴행적 위치를 고수하거나 그 자리로 돌아가려는 충동에 사로잡히기 쉽다는 말입니다. 실제가 아니라 어린아이의 무의식적 욕망이 만드는 '상상적 현실'

여자의 심리코드

이라는 말입니다.

남녀를 불문하고 혼자가 된다는 상태에 공포에 가까운 두려움을 느끼는 사람들이 많습니다. 아니, 남녀의 차원이 아니라 대부분의 남녀노소를 불문합니다.

여자아이들은 새 학기가 될 때마다 낯선 친구들 사이에서 혼자 남겨지면 어쩌나 하는 불안을 호소하고, 성인이 된 여성들도 어려운 문제가 생기거나 갈등 상황이 발생할 때 누군가 곁에 두고 싶어 하는 마음을 보이기도 합니다. 그래서 많은 여성들은 고통이 찾아오면 갈등 상황에 있던 가족, 부모에게 다시 의존하고 싶어 하는 모습을 보이지요.

'그래도 어딘가에서 내 걱정을 하는 사람은 우리 엄마 또는 아버지뿐이지.'

그래서 결국 가족에게 복귀하는 모습을 보입니다. "남는 것은 가족밖에 없어"라는 말은 마치 진리처럼 많은 이들의 머릿속을 지배하지요. 그러나 돌아간 가족 안에서는 또다시 갈등과 상처를 반복하지요.

파도에 몸을 맡기려면
몸에 힘을 빼야 한다

우리는 어리석은 질문을 혼잣말처럼 반복적으로 되뇌일 때가 있습니다.

'왜 혼자가 되면 안 되고, 왜 나는 고통받아서는 안 되고, 왜 나는 불행해지면 안 되는 것인가….'

물론 프로이트의 기본 명제인 현실 원칙에 따라, 사실 우리는 불쾌한 상황을 피하고 안정된 상황으로 가려는 본성을 지녔습니다. 하지만 인간이 그런 본성을 지녔다고 해서 내가 가진 기준이 완고해도 된다는 말은 아닐 테지요. 절대로 나에게 고통이나 불행이 일어나서는 안 된다는 퇴행적 고집은 일어나지도 않은 불행, 닥쳐오지도 않은 외로움에 과도한 불안을 일으키며 갖가지 증상을 만들어 낼 테니까요. 물론 이것은 나약해서가 아니라 충동이 붙들고 있는 어떤 욕망 때문입니다.

타인에게 일어나는 불행이 나에게도 얼마든지 일어날 수 있으며 타인에게 일어나는 고통이 나에게도 얼마든지 찾아들 수

여자의 심리코드

있습니다. 타인에게 일어나는 가난은 얼마든지 나에게도 닥칠 수 있는 일입니다.

수많은 전문가들은 고통으로부터, 불행으로부터 어떻게 하면 행복해질 수 있는지 가르쳐 줄 듯 사람들을 현혹합니다. 그런데 정말 행복해지는 일을 꼭 배워야 할까요? 정말 불행은 찾아오면 안 될까요? 저는 그렇게 생각하지 않습니다.

왜 우리는 막다른 곳에 다다르면 안 되는지 생각해 봅니다. 마치 죽을 듯한 소외와 고립, 더 이상 물러날 곳이 없는 막다른 곳에 막상 다다르면, 많은 것이 물러나고 죽을 듯한 공포감마저 고요해짐을 경험할 수 있습니다. 나에게 어떤 일이든 일어날 수 있고 어떤 불행이든 닥쳐올 수도 있다는 열린 태도가 오히려 세상에 서 있는 나를 담담하게 만듭니다.

고통을 막기 위한 몸부림이 아니라 그저 힘을 빼기만 해도 새로운 가능성이 많이 열리기도 합니다. 파도로부터 있는 힘을 다해 도망쳐도 물보라에 압도되지만, 몸에 힘을 빼는 순간 하늘을 보며 파도를 타게 될지도 모를 일입니다.

허기는 외로움과
포용할 때 사라진다

많은 사람들이 혼자만의 시간 속에서 고요히 혼자가 되고 싶어 합니다. 가족, 직장 온통 바쁘게 움직이는 일상에 갇힌 많은 사람들은 늘 혼자의 시간, 혼자의 공간을 꿈꾸지요. 하지만 '홀로 있고 싶은 것'과 정작 '홀로 있을 수 있는 것'은 다른 층위의 차원입니다. 홀로 있는 시간은 빽빽한 관계와 일상이 테두리에 존재하기에 꿈꾸는 홀로됨이지 정작 혼자서 많은 시간을 보낼 수 있는 상태와는 다른 문제입니다.

그때의 혼자는 빠듯하고 바쁜 일상과 반대심급으로 발휘됩니다. 별다른 소통이나 관계망 없이 배우자나 연인, 친구 없이 혼자의 시간을 살아낼 수 있는, 더 나아가 그것을 즐기는 문제는 완전히 다른 차원이지요. 많은 관계망이나 일상 안에서 혼자가 됨을 꿈꾼다면 반대의 상황이 테두리를 치고 압력을 가하는 데서 오는 현상입니다.

빡빡한 일상이 없다면 소망은 더 이상 소망이 되기 어렵습니다. 그렇게 일상에 갇혀 있다가 혼자가 되어 여유로움을 만끽하고 고요를 만끽하는 상태는 외로움을 즐기며 나타나는 현상이 아닙니다. 이미 가득 찬 곳으로부터의 탈출에서 오는 고요는 외로움이 아닌 반대심급 효과로 일어나는 달달함이지요. 달달함이 혼자의 시간을 파고든다면 그것은 그냥 즐기는 상태이지 외로운 상태는 아닙니다.

진짜 외로운 상태를 즐긴다는 말은 홀로된 시간이 공허하고 쓸쓸하고 막막하고 어찌할 바를 모를 안절부절한 상태까지도 포함합니다. 스스로가 아무것도 아닌 존재, 하찮고 무의미한 존재임을 온몸으로 느끼지만, 그것을 거부하지 않고 충분히 허용하고 유지하려는 상태가 외로움을 즐긴다고 말할 수 있습니다. 아픈 상태를 아프지 않게 달래기보다 아픈 채로 허용하는 것과 같습니다.

여자가 누리는
'없음'의 행복

수미 씨는 퇴근 후 불 꺼진 원룸 오피스텔로 들어설 때 그 적막함과 아득한 느낌을 만끽한다고 합니다. 가만히 멈추어서 조용한 소리를 들으면 헛헛하고 쓸쓸하고 구멍이 느껴지는데 오히려 그 시간을 매일 경험하기를 즐기는 것이지요.

하지만 허전한 마음에 자꾸 뭔가 먹고 싶어지고 음식에 손을 댑니다. 배가 고픈 상태가 아니라 마음이 고픈 상태이고 혼자라는 느낌이 허기로 다가오는 것이지요. 수미 씨는 넓지도 않은 좁은 방 안을 이리저리 서성이기도 하고 어쩔 줄 몰라하기도 합니다.

수미 씨는 홀로 있을 때의 그 불안정함이 안락하고 좋아서 즐기는 것이 아닙니다. 불편하고 불쾌한 상태임에도 반복했지요. 불안정하고 안락함이 느껴지지 않는 상태, 무언가 시리고 비어 있는 느낌의 까끌거림, 그 순간에 수미 씨는 자신이 살아 있다는 생각이 든다고 합니다. 어디에 기댈 곳도, 그 어디 소속감도 느낄 수 없는 황량한 듯한 상태, 그것만이 수미 씨에게 살아 있다는 감각을 주었지요.

수미 씨는 그 순간에야 비로소 자신이 자신을 받아들이는 느낌, 자신이 자신으로부터 소외되지 않는 존재의 지리멸렬한 상태를 지독하게 좋아한다는 것, 격렬하게 즐기고 있다는 사실을 알았습니다.

이것은 매우 마조히즘적인 쾌락임에 틀림이 없고 꽤 여성적 쾌락의 전형이기도 합니다. 우리가 행복이라고 믿어 의심치 않는 화목하고 안락함, 사랑하는 연인과 사랑하는 가족과 알콩달콩 보내는 따뜻한 저녁만이 행복의 조건이라는 것도 관념에 지배된 타자의 행복에 지나지 않을 수도 있습니다.

여자의 심리코드

외롭고 시리고 불안정하고 배고프고 쓸쓸한 채로 있도록 나를 그냥 두는 것도 행복일 수 있습니다. 누구의 영향도, 누구의 반영도 없는 '없음의 상태'에서 말이지요.

여자여,
피안으로 향합시다

'피안(彼岸)'이라는 말의 의미는 "저 언덕으로 가자"라고 합니다. 상담실의 이름을 피안으로 지을 때 어떤 큰 의미나 의도를 가지고 지은 것은 아니었습니다. 오래전에 수도원에서 읽었던 중국 한학자의 책이 마음에 남았고 그냥 별 뜻 없이 그 이름으로 해야겠다고 생각했지요. 그런데 정신 분석을 진행하는 세월이 더해 갈수록, 밀실에서 사람들과 작업의 깊이가 더해 갈수록 이 이름이 갖는 의미를 새롭게 갱신하게 됩니다.

'피안'은 불교에서 말하는 현세의 고통에서 벗어나 저 너머의 어떤 곳, 더할 나위 없이 행복한 지복(至福)의 단계로 나아가자는 의미가 아니라 원래는 그저 살아남자는 의미 이상은 아니었습니다. 인도에서는 범람하는 강, 홍수가 만연하던 때 강 저편 언덕으로 가야 살아남는데 그 언덕이 '피안'입니다. 피안은 강 너머 저 언덕으로 올라 살아남게 하는 곳이지요.

'피안'은 우리가 삶이라는 고통의 바다에서 단지 살아남기를 지향하는, 그 이상의 어떤 것도 아니지요. 대단한 포부나, 대단한 가치를 쫓는 것이 아니라 오늘 하루 살아남는 것, 내가 살아남을 수 있는 언덕이 있다면 끝까지 포기하지 않고 그 언덕을 오르는 것, 그 언덕을 오르는 행위를 포기하지 않는 것, 이것만이 우리가 우리 스스로의 윤리를 말할 수 있는 지점이 아닌가 싶습니다.

삶이 비극이 되지 않으려면

이 글을 쓰기 시작할 때 아버지는 항암 투병 중이었습니다. 아버지는 언덕에 물이 잠기는 마지막 순간, 얼마 남지 않은 걸음을 조심스럽게 걷고 계셨습니다. 조금씩 다가오는 아버지의 끝자락을 지켜보며 참으로 지난했던 애증의 역사였던 아버지와 저의 서사가 한 자락 나뭇잎처럼 가벼워짐을 경험했습니다. 분노하고 증오했던 아버지를 다시 사랑하기까지 참으로 지난한 시간을 보냈고 아버지의 삶을 애도하며 슬픔이 엄습하기도 했습니다. 더불어 두려움이 엄습하다가도 문득 이런 생각이 들었습니다.

'만약 끝까지, 내 삶이 끝나는 날까지 아버지와 함께 살아 있다면 그건 슬프지 않고 기쁜 일일까?'

불쑥 작별이 없는 삶은 끔찍하다는 생각이 들었습니다. 단절이 일어나고 멈춤이 일어나고 작별을 받아들이는 일은 아픈 일이지만 그래서 우리 관계와 유한한 삶이 얼마나 아름답고 기쁠 수 있는지를 또한 생각했습니다.

찰리 채플린이 이런 말을 했지요.

"삶은 가까이서 보면 비극이고 멀리서 보면 희극이다."

정말로 들어맞는 말입니다. 일상에서 일어나는 삶의 비극을 멀리서 보면 결코 비극이지만은 않으니 말입니다.

투병 중인 아버지에게 어떻게 해서든 살아남으시라고 말씀드렸습니다. 연속되는 항암으로 바싹 타들어가겠지만 하루하루 끝까지 포기하지 않고 살아남으라고요. 아버지는 끝을 향해 다

여자의 심리코드

가가는 마지막 순간까지 온 힘을 기울여 삶을 살아 내었습니다. 그렇기에 그 비극은 결코 비극으로만 기억될 것 같진 않습니다.

삶이 우리에게 온 이상 그것이 어떤 모습일지라도 끝까지 포기하지 않고 살아남기를 시도하는 것, 그 행위만이 우리 자신을 자신일 수 있게 만듭니다.

생의 언덕을 오릅시다

죽음은 늘 우리에게 바짝 다가 서 있습니다. 물리적인 죽음만이 아니라 정신적 죽음도 늘 도사리고 있지요. 정신 분석은 죽음의 문턱에서 오늘 하루를 어떻게 살아남아야 하는지에 대한 깊이 있는 고민을 하는 과정입니다. 나의 하루가 단지 나의 하루가 되기 위해, 내가 나 자신과 좀 더 깊이 친해지기 위해 그래서 마지막을 오직 나 자신과 걸어가는 일이 두렵지 않기 위해, 더 깊은 심연으로 들어가기를 시도합니다.

끊임없이 나 자신에게 집중하고 그 집중의 과정을 통해 온갖 세상의 이미지와 타자의 음성을 밀어내고 오직 나 자신으로 있는 것, 내가 나 자신과 독대하고 공허함과 쓸쓸한 불쾌함과 친해질 수 있어야 합니다. 그 모습이 결코 아름다운 환상의 자유로움이 아닐지라도 말입니다.

생의 에너지를 모두 소진한 이들에게, 어떤 충동과 욕동마저도 일으킬 수 없는 무기력한 이들에게, 한 번 더 힘을 내어 보자고, 이 비극을 희극으로 이끌어 가자고 글을 썼습니다.

독자들에게도 말씀드리고 싶습니다. 고단하지만 오늘 단 하루를 살아남자고요. 오늘 하루도 그래서 우리가 닿을 수 있는 피안의 언덕에서 한숨을 돌릴 때까지, 그 언덕이 다시 물에 잠겨 또 다른 언덕을 찾아야 한다고 해도 포기하지 않고 우리는 언덕을 올라야 한다고 말입니다.

세상은 마치 영원히 지속될 듯 오만한 세속적 욕망으로 들끓는 것 같습니다. 사람들은 마치 죽지 않는 사람들처럼 많은 것을 얻고 누리려고 발버둥칩니다. 그 속에서도 내면의 길을 잃지 않기 위해 보이지 않는 곳에서 고독하게 자신의 길을 걷는 많은 분들께 이 글이 닿기를 바랍니다.

마지막으로 소리 없이 죽음과 마지막까지 사투를 벌이시다가 이 글을 마무리하기 전에 떠나신 나의 아버지에게 이 글을 올려 드립니다.

여자의 심리코드

참고 도서
(가나다 순)

· 《라깡 대 라깡》, 무까이 마사아끼 저, 임창석/이지영 역, 새물결, 2017
· 《자크 라깡 세미나 11》, 자크 라캉 저, 맹정현/이수련 역, 새물결, 2008
· 《라깡 읽기》, 숀 호머 저, 김서영 역, 은행나무, 2006
· 《라깡은 정신 분석에 대해 이렇게 말했습니다》, 가타오카 이치타케 저, 임창석 역,
  이학사, 2019
· 《라깡 정신 분석 사전》, 딜런 에반스 저, 김종주 역, 인간사랑, 1998
· 《사랑의 정신분석》, 줄리아 크리스테바 저, 김인환 역, 민음사, 1999
· 《여자는 무엇을 원하는가》, 세르쥬 앙드레 저, 홍준기 역, 아난케, 2010
· 《여자는 존재하지 않는다》, 박영진 저, 위고, 2019
· 《하나이지 않은 성》, 뤼스 이리가레 저, 이은민 역, 동문선, 2000

정신 분석가가 1만여 상담으로 찾은 여자의 내밀한 속마음

여자의 심리코드

© 박우란 2022

1판 1쇄 2022년 11월 8일
1판 2쇄 2022년 12월 7일

지은이 박우란
펴낸이 유경민 노종한
책임편집 박지혜
기획편집 유노라이프 박지혜 장보연 **유노북스** 이현정 류다경 함초원 **유노책주** 김세민
기획마케팅 1팀 우현권 **2팀** 정세림 유현재 정지안
디자인 남다희 홍진기
기획관리 차은영
펴낸곳 유노콘텐츠그룹 주식회사
법인등록번호 110111-8138128
주소 서울시 마포구 월드컵로20길 5, 4층
전화 02-323-7763 **팩스** 02-323-7764 **이메일** info@uknowbooks.com

ISBN 979-11-91104-52-3(03180)